おやこで楽しむ
おうち中国語ブック

赤池晴香 著
hitom イラスト

大修館書店

音声について

本文のQRコードをスマートフォンなどで読み取ると、音声を聞くことができます。

以下のQRコードから一括ダウンロードも可能です(約26MB)。

なお、音声は以下のURLからパソコンでもアクセスできます。

https://www.taishukan.co.jp/item/oyako_chinese/codelinks/

吹込者

毛燕（サイマルアカデミー講師）
近藤光雄（東京外国語大学非常勤講師）
(p.106《小星星》歌部分）李白くん (4才)

まえがき

「子どもが中国語に興味を持ってるんだけど、何から始めたら良い？」
「中国語を習わせたいけど、私も全然わからないから一緒に学びたい。」
「『おうち英語』みたいにおうちで中国語をやってみたい。」

数年前から、このような保護者の方のお声が日本人中国語教師で二児の母である私にたくさん届くようになりました。今、日本国内の書店にはたくさんの中国語テキストが並んでいますが、子ども向けテキストや、親子で一緒に学べるようなテキストはまったくと言って良いほどありません。そんな現状を見て、ぜひそのような方たち向けのテキストを作りたいと思ってきました。

この『おやこで楽しむ おうち中国語ブック』はそのような背景から生まれました。内容は親子で楽しみつつ学べるかんたんな中国語表現がメインで、学んだ中国語で遊べるゲームも紹介しています。また日本語の本が読めるようになったお子さんだけでも読むことができるよう、多くの箇所にはふりがなをつけました。さらに、保護者の方がより深く理解するための大人向けの解説やコラムもあるので、これらは「親子で中国語学習」をされているわけではない一般の中国語学習者の皆さんにもきっとお役に立つことでしょう。

外国語は、全く知らないより一言でも知っていた方がはるかに楽しいです。今は日本で中国語が使われる機会も多くなってきています。ぜひこの本がお子さんから大人の方まで、はば広い方の中国語学習の第一歩となればと願っています。

次のページに子ども向けメッセージがあるよ！→

子どもの読者のみなさんへ

你们好！この本を手にとってくれてありがとうございます。みなさんは、どうして中国語に興味を持ちましたか？お友だちに中国の人がいるから？中国の料理や歴史が好きだから？お父さんお母さんや、おじいちゃんおばあちゃんが中国語を話しているという人もいるかもしれませんね。中国語は世界でたくさんの人が話している、とても便利なことばです。漢字を使ったり日本語と似ているところもあるので、ふだん日本語を使うわたしたちにとっても親しみやすいです。

この『おやこで楽しむ おうち中国語ブック』は、みなさんのような子どもと、大人であるおうちの人どちらもが楽しく学べる内容になっています。まずは、中国語を勉強すると思わず、ふつうの本を読むようにパラパラと読んで、各ページの音を聞いてみてください。もしおもしろそうと思ったらぜひ最初のほうからじっくり読んでみましょう。そして音を聞いて、口でもまねしてみましょう。子どもは大人より耳が良いので、きっときれいな中国語の音が言えるようになると思います。わからないところはおうちの人といっしょに考えてみましょう。

今この本を読み始めたみなさんが、この本を読み終わるころにはさらに中国語が好きになって、「もっと勉強してみたい！」と思ってくれるとうれしいです。

この本に登場するキャラクター

この本の中には、中国語を話すファンタジー世界の住人が登場します。

喵喵（Miāomiao ミャオミャオ）
魚が大好きなネコ。すごく美声。

包包（Bāobao バオバオ）
ぎょうざの妖精。ぎょうざを作るのが得意。

甜甜（Tiántian ティエンティエン）
甘いもの好きのパンダ。いつもサンザシアメを持っている。

飞飞（Fēifei フェイフェイ）
孫悟空にあこがれているサル。王老師の弟子。

王老师（Wáng lǎoshī ワンラオシー）
いつかドラマに出たいと思っている仙人。

目次

まえがき ………………………………………………………………… 3
子どもの読者のみなさんへ …………………………………………… 4
この本に登場するキャラクター ……………………………………… 5
この本の使いかた ……………………………………………………… 9
　子どもむけ使いかた／大人向け使いかた
中国語について知ろう！ ……………………………………………… 12
　中国語を学ぶ前に、これだけは知っておこう！／
　もっとくわしく知りたい人へ

発音レッスン …………………………………………………………… 16

レッスン 1　こんにちは …………………………………………… 24
ミニ辞典　いろいろなあいさつ／解説／もっとおぼえてみよう

レッスン 2　ありがとう …………………………………………… 30
解説／もっとおぼえてみよう

レッスン 3　名前はなに？ ………………………………………… 34
中国語であそんでみよう！／解説／もっとおぼえてみよう／
コラム　中国語での名前の言い方

6

レッスン 4 これはなに？ …… 42
ミニ辞典 身のまわりのもの／中国語であそんでみよう！／
解説／もっとおぼえてみよう

レッスン 5 なんさい？ …… 50
中国語であそんでみよう！／解説／もっとおぼえてみよう／
コラム 中国語での数字の言い方

復習してみよう！レッスン 1 ～ 5 …… 58

レッスン 6 この人はだれ？ …… 62
ミニ辞典 家族や先生、友だち／解説／もっとおぼえてみよう

レッスン 7 どれがほしい？ …… 68
解説／もっとおぼえてみよう

レッスン 8 なにを食べる？ …… 72
ミニ辞典 食べもの（おかしやくだもの）／
ミニ辞典 食べもの（野菜や料理）／解説／
もっとおぼえてみよう

7

レッスン 9 おいしい？ ……… 80
ミニ辞典 いろいろな形容詞／中国語であそんでみよう！／
解説／もっとおぼえてみよう／コラム 中国語で買い物

レッスン 10 いっしょに行こうよ ……… 90
ミニ辞典 1日の行動／解説／もっとおぼえてみよう

復習してみよう！レッスン6～10 ……… 96

簡体字練習 ……… 100
有名作品 ……… 106
 その1 『きらきらぼし』を中国語でうたってみよう！
 その2 白うさぎの童謡を中国語でうたってみよう！
 その3 漢詩『春暁』を中国語でよんでみよう！

親子で中国語学習（おうち中国語）のすすめ方 ……… 112
大人向け発音説明 ……… 115
さくいん（日本語五十音引き） ……… 121
あとがき ……… 127

この本の使いかた

子どもむけ使いかた（大人の方もご覧ください）

1 まずは本をめくってみよう！

この本の中にはたくさんのマンガやイラストがのっています。まずは本をめくってみましょう！気になった絵や文字はありましたか？

2 中国語について知ろう！

12ページからは「中国語について知ろう！」コーナーがあります。このコーナーを読んで、これから勉強する中国語について学んでみましょう！

3 発音レッスンをやろう！

16ページからは「発音レッスン」が始まります。音声はQRコードで聞けるので、それをよく聞いて、発音の基本を勉強しましょう！

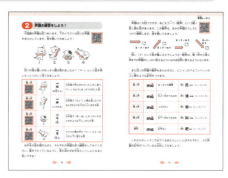

4 レッスン1〜10をやろう！

24ページから始まるレッスンでは、中国語のいろいろな表現を勉強できます。マンガや解説、ミニ辞典やゲームがのっていますので、少しずつ進めていきましょう！レッスン5とレッスン10のあとには復習コ

9

ーナーもあります。

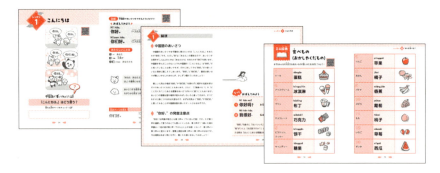

5 漢字練習や有名作品にもチャレンジ！

　100ページからは、漢字練習や有名な中国語の歌や詩にふれてみるコーナーがあります。ぜひチャレンジしてみましょう！

ポイント　QRコードが出てきたら必ずスマホで読み取って音声を聞いてみよう！

大人向け使いかた

親子でこの本を使う時に

　この本は、イラストを多用した子ども向けのかんたんな内容と、解説やコラムなど大人向けの少し難しい内容で構成されています。原則、子ども向け内容箇所には漢字にふりがなをつけ、大人向け内容箇所にはつけていません（もちろん、大人向け内容箇所を子どもが読んではいけないわけではありませんし、子ども向け内容箇所も大人の方にも使っていただけるものです）。各ページの音声QRコードは、中国語の正しい発音を習得するためにとても大切ですので、必ず聞いてみてください。

レッスンの進め方

　中国語のなりたちや発音を理解するため、12ページからの「中国語について知ろう！」と16ページからの「発音レッスン」は最初に必ず読んでください。その後のレッスン1〜10は原則として発音や文法がかんたんなものから少しずつ複雑になっていきますが、お子さんの興味のあるところから始めてもだいじょうぶです（たとえば食べ物に興味があったらレッスン8から始めるなど）。

中国語の文字の書き方について

　レッスン1〜10にはそれぞれマンガ部分に書き込みコーナーがあります。またレッスンの途中には書き込み式の復習コーナー、本の後半には漢字練習コーナーも設けています。これらはあくまでも中国語の書き文字に親しむためのもので、絶対に正しく書くことを目的とはしておりません。日本の幼児〜小学生の年代のお子さんが中国語を学ぶ場合、まずは音の習得（聞く・話す）が重要であり、読み書き、特に書く能力の習得は急ぐ必要はないと考えられます。日本語の文字の習得段階であり、また現在多くのお子さんが英語を学んでいることから考えると、そこに中国語の文字習得を加えるとかなりの負担になる可能性もあります。お子さんが中国語を書いてみることに興味を示したら少し遊び半分で書いてみる（間違いはあまり指摘しない）、といったスタンスでお楽しみいただければと思います。

中国語について知ろう！

中国語を学ぶ前に、これだけは知っておこう！

いろいろな場所で使われている中国語

中国語は、中国や台湾、香港、シンガポールなどでおもに使われていることばです。日本にも中国語を話す人はたくさんいます。

この本の中国語→「普通話」

中国語には、いくつかの種類（方言）がありますが、この本で勉強するのは「普通話」と呼ばれる共通語です。この「普通話」が話せれば中国のほとんどの人と話ができます。

漢字は日本語とちょっとちがう

中国語では漢字が使われますが、下の表のように日本語の漢字と同じものもちがうものもあります。

	日本語と同じ形のもの	日本語と少しちがう形のもの	日本語と全然ちがう形のもの	日本語ではふつう使われないもの
中国語	国	谁	个	你
日本語	国	誰	個	×（すごくくわしい辞書には出てくることもある）

12

この中国語で使われている漢字は「簡体字」と呼ばれています。この本の中で使われているのも簡体字です。

アルファベット文字→「ピンイン」

　漢字（簡体字）の上や横にアルファベットの文字が出てくることがあります。これは「ピンイン」と呼ばれる中国語の発音をあらわすふりがなのようなものです。ピンインが正しく読めれば、中国語の正しい発音がわかります。ピンインは日本語のローマ字や英語とは読み方がちがうものが多いので、音をよく聞いてみてください（16ページからの「発音レッスン」でくわしく紹介されています）。

中国、台湾、香港、シンガポールの場所を地図でしらべてみよう！

身のまわりに簡体字で書かれたものはあるかな？家の中や外でさがしてみよう！

中国語をたくさんおぼえて中国語博士をめざそう！

もっとくわしく知りたい人へ

中国語はバリエーションに富んでいる

「中国語ってニーハオ、シェイシェイっていうあれでしょ？」

"中国語ってどんな言葉？"という質問をすると、中国語を学んだことがない人はこのように思われることが多いようです。この本で中国語を学ぼうとされているみなさんはどう思われるでしょうか？

中国語は、古くから広い地域で話されている言葉です。そして地域ごとに数多くの方言があります。主に広東省や香港で話されている広東語がその代表例ですね。しかし方言はそれぞれの差が大きく、異なった地域出身の人同士だと話が通じないという問題があります。そのため、共通語にあたる言葉が決められました。現在の中国ではその共通語は「普通話」と呼ばれています。多くの人が「ニーハオ、シェイシェイ」の言葉として認識している中国語は、その「普通話」です。この本で勉強するのも「普通話」です。

「普通話」は中国のほか、台湾、香港、シンガポールの人たち、さらには世界中の中国にルーツを持つ人たちに通じます（「普通話」でなく「国語」や「華語」と呼ばれることもあります）。場所によって多少の発音や表現方法の違いはありますが、この本で紹介されているものはどこに行っても相手に伝わる表現です。また日本で出版されている中国語テキストは、中国の北の方（北京など）でよく使われる言い方を基準としているものが多いようです。そのためこの本も北の方の言い方を多く採用しています。「普通話」である限り北の方の言い方と南の方の言い方でお互いに通じないほどの違いはほとんどありません。しかし、この本で覚えた言葉を南の方出身の人（たとえば上海の人など）に言った場合、

「それは北の方の言い方だね。」という反応が返ってくることはありえます（あまり気にしなくてだいじょうぶです）。

中国語の文字について

　この本では、中国語の表記に「簡体字」を使っています。簡体字は現在、中国やシンガポールなどで公式の文字として使われているものです。一方台湾や香港などでは「繁体字」が使われています。繁体字は「国」を「國」と書くなど、日本の旧字体に似ています。日本では多くの中国語テキストで簡体字が使われていて、中国語学習をする場合、まずは簡体字を覚えます。観光客向けの中国語案内などを見ると、簡体字と繁体字両方が使われていることがあるので、よく観察してみるとおもしろいです。

　発音の表記には、アルファベット表記の「ピンイン」を使っています。ピンインは中国の子どもたちが漢字の発音を覚えるためにふりがなのように使われているものです。外国語として中国語を学ぶ場合もまずはピンインから学習します。日本語を使っている人は漢字の方が目に入りやすいのですが、中国語の正しい発音を習得するためにはピンインを覚えることは必ず必要です。ピンインについては16ページからの「発音レッスン」と115ページからの「大人向け発音説明」でくわしく紹介しています。

発音レッスン

さぁ、中国語の音を出す練習をしてみよう！

1 中国語の発音はここに気をつけよう！

みなさんは中国語の音を聞いたことがありますか？聞いたことがある人はどんな感じだと思いましたか？音が上がったり下がったりしながら、大きな声ではっきり話されていた感じではなかったでしょうか？まず、みなさんが中国語の音を出す（発音をする）ときのポイントを説明します。

ポイント1　背すじをピーンとしよう！

姿勢が悪いと、声はうまく出てきません。この本を読むときにはなるべく背すじをピーンとさせましょう。立って読むのも良いですね（体調などにより無理はしないでください）！

ポイント2　「声調」に注意しよう！

中国語には、「声調」と呼ばれる音の高さのちがいがあります。たとえば「マー」という音を日本語で「ヘー」と言うときのようにまっすぐのばした音で言うと「お母さん」という意味になります。ところが、カラスの鳴き声の「カー」のように上から下に落ちる音で言うと「怒る」という意味になります。このちがいが声調です。このように、中国語は音の高さによってことばの意味が大きくちがってきてしまうので、お手本の音をよく聞いて練習しましょう。声調については18ページからの「2．声調の練習をしよう！」にくわしく出ています。

16

ポイント3 はずかしがらずにはっきり言おう！

　「アー」とふつうに声を出してみたとき、どれくらいの大きさで声が出ていますか？外国語の練習をするとき、はずかしいせいか声が小さくなってしまう人がけっこういます。これだとせっかく練習しても伝わらなくて残念ですね。無理に大きくする必要はないですが、自分のふつうの声の大きさではっきり言ってみましょう！

ポイント4 どうしてもわからなかったら日本語で音を書こう！

　「中国語について知ろう！」コーナーでも説明しましたが、中国語の音は「ピンイン」というアルファベットであらわします。そのため、この本でも中国語の音はすべてピンインで書いてあり、日本語でふりがなはつけていません。でも「やっぱりふりがながないと音がおぼえられない…」と思う人はいるはずです。そんなときは、お手本の音をよく聞いて、聞こえた音のとおりに日本語のふりがな（ひらがなかカタカナ）をつけてみましょう。そのとき大切なのは、「必ず自分が聞こえた音でふりがなを書く」ということです。中国語の音には、日本語とはちがう音がたくさんあります。どうしても日本語のふりがなをつけたい場合、必ずこう書かないといけないという決まりはありません。自分の耳を信じて「こういう音かな？」と思ったとおりを書きましょう！

おうちの方へ

　中国語の発音は日本語の音を介さずピンインで覚えるというのが中国語学習の原則のため、この本では日本語での読み方はつけておりません。難しい場合は日本語のふりがなをつけて良いとしましたが、その際は「お子さんが聞こえた通り」が基準となるので、「こう書いたら良い」というアドバイスは極力なさらないようにお願いします。

2 声調の練習をしよう！

中国語の声調は四つあります。下のイラストは四つの声調をあらわしています。音を聞いてみましょう！

四つの音の違いがはっきり聞き取れましたか？「マー」という音を例にもっとくわしく見てみましょう。

第1声		mā 妈 （お母さん）	日本語で何かがわかったときに言う「へー」のようにまっすぐのばした音
第2声		má 麻 （しびれる）	日本語で「えぇ？」と聞き返したりするときのような下から上にあがる音
第3声		mǎ 马 （馬）	日本語で「あーあ」とがっかりするときのような下にしずんだ音
第4声		mà 骂 （怒る）	カラスの鳴き声の「カー」のような上から下に落ちる音

お手本の音を聞きながら、それぞれの声調を言う練習をしてみてください。歌をうたっているように、音の流れがお手本といっしょになると良いですね！

発音レッスン

声調はこの四つですが、あともう一つ「軽声」という軽く短く読む音があります。この軽声は、ほかの声調のうしろにつけて練習します。音を聞いてみましょう。

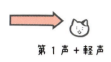 

短い「マ」という音が聞こえたでしょうか？軽声は、第1声から第4声までの声調がしっかり言えるようになれば自然に言えるようになります。

また四つの声調や軽声をあらわすのに、ピンインのアルファベットの上に棒のような記号をつけます。

第1声	mā	まっすぐの横棒	（例）吃 chī （レッスン8）
第2声	má	右上へ向かうななめ	（例）谁 shéi （レッスン6）
第3声	mǎ	つぶれたv	（例）你 nǐ （レッスン1）
第4声	mà	右下へ向かうななめ	（例）叫 jiào （レッスン3）
軽声	ma	記号なし	（例）吧 ba （レッスン2）

これからのレッスンで出てくるあたらしいことばそれぞれに、どの声調の記号がついているか注目してみましょう！

3 単母音の練習をしよう！

単母音とは中国語の「アイウエオ」のような音で、"a, o, e, i, u, ü"の六つです。中国語の音の基本になるものです。日本語とは少しちがう音なので、お手本をよく聞いてネコの口の形をまねしながら練習してみましょう！

a	口を大きく丸くあけて日本語の「ア」を言う	声調つきで練習 ā á ǎ à
o	口を少し丸くして日本語の「オ」を言う	声調つきで練習 ō ó ǒ ò
e	口を少しひらべったい形にして、日本語の「オ」を言う	声調つきで練習 ē é ě è
i	口をすごく横長の形にして日本語の「イ」を言う	声調つきで練習 ī í ǐ ì
u	口をタコみたいに前につきだして日本語の「ウ」を言う	声調つきで練習 ū ú ǔ ù
ü	ストローで飲んでいるときのように口を細くして日本語の「イ」を言う	声調つきで練習 ǖ ǘ ǚ ǜ

20

言えたでしょうか？この中で特に難しいのが、"e"の音です。これは日本語の「エ」の音とはちがう音です。口の形が大事なポイントなので、鏡を見ながら、ネコの口の形と同じになるように練習してみるのがおすすめです。

また、"e"は他の単母音とくっつくと音が変わって「エ」のような音になります。たとえばレッスン2では"给 gěi"と"谢 xiè"という字が出てきますが、これはそれぞれ「ゲイ」と「シエ」のような音で読みます。"e"なのに「エ」のような音になっています。このルールはけっこうむずかしいので、最初はお手本の音をよく聞いてまねをするところからやってみましょう！

4 "zh, ch, sh, r"が出てきたら

あと少しだけ、発音で大切なことを説明するのでがんばってください。ここから先のレッスンで、"zh, ch, sh, r"というピンインが出てくることがあります。たとえばレッスン4に出てくる"这 zhè"（これ）や、レッスン6に出てくる"谁 shéi"（だれ）です。この"zh, ch, sh, r"は、口の中で小さなアメをなめているような感じで「ジ、チ、シ、リ」と言うと出すことができます。QRコードでは、日本語の「ジ、チ、シ、リ」と中国語の"zh, ch, sh, r"を交互に言っているので聞いてみてください。

"zh, ch, sh, r"が少しもごもごしているような音に聞こえたでしょうか？これらの音は、舌（べろ）を口の中で上に少し反らせたかたちで発音するものです。日本語でふだん使う音にはない音なのでむずかしいのですが、アメのような小さいものが口の中に入っていると思ってしゃべると、自然にもごもごしたしゃべり方になるので、ためしてみてくださ

21

い（実際にアメを使ってためしてみる場合は、飲みこんだりしないようにくれぐれも気をつけてください）。

5 発音の練習方法

　この本はなるべく説明をかんたんにすることを目指しているので、今までに紹介した発音の説明は、中国語の発音をする上で「これだけは絶対に身につけてほしい！」と考えられるものです。ここから先は、24ページからはじまるレッスンで中国語を実際にしゃべりながら発音をおぼえていくのが楽しいと思います。各レッスンで出てくる中国語の表現も、なるべく発音しやすいものをえらびました。お手本の音を何度も聞いて、自分の口で何度も言ってみるとだんだん「こんな感じかな？」というのがわかってきます。自分の声をスマホに録音して聞いてみたり、身近に中国語がわかる人がいたら、聞いてもらうのも良いですね。

おうちの方へ

　この「発音レッスン」では、わかりやすさ、取り組みやすさを最優先しているため一般的な中国語の入門書よりかなり発音の説明を省略しています。この本の115ページからは「大人向け発音説明」としてさらにくわしく発音の方法を紹介しているので、そちらもぜひ見てみてください。

おやこで楽しむ
おうち中国語ブック

- ◆このレッスンの内容は、現在中国で使われる中国語の共通語（普通話）を基準としています。
- ◆中国語の表記法や日本語訳などは日本で一般的に使われる中日辞典などを参考にしていますが、お子さんにわかりやすいことを優先し、一部著者が独自に改変をしている箇所もあります。
- ◆マンガ内の文字は手書きのため、印刷の書体とちがっている場合があります。

こんにちは

中国語で書いてみよう！

「こんにちは。」はどう言う？

答えは次のページをチェック！

目標 中国語であいさつをできるようになろう！

＼おぼえてみよう／

Nǐ hǎo.
你好。 （一人の人にむかって）こんにちは。

Nǐmen hǎo.
你们好。 （二人以上の人にむかって）こんにちは。

あたらしいことば

你 nǐ　あなた
好 hǎo　元気だ
你们 nǐmen　あなたたち

「あなた（あなたたち）」と「元気だ」で「こんにちは。」の意味になるニャ！

あいさつする相手が一人のときと二人以上のときでちがうから気をつけてね♪

前のページの答え

你们好。　　三人（三びき？）にむかっての「こんにちは。」だよ！

25

ミニ辞典

いろいろなあいさつ

人と会ったときや別れるときに使えるあいさつを言ってみよう！

1 おはよう。（おはようございます。）	Zǎoshang hǎo. 早上好。	
2 こんばんは。	Wǎnshang hǎo. 晚上好。	
3 おやすみなさい。	Wǎn' ān. 晚安。	
4 みなさんこんにちは。	Dàjiā hǎo. 大家好。	
5 先生こんにちは。	Lǎoshī hǎo. 老师好。	
6 さようなら。	Zàijiàn. 再见。	

レッスン **1** こんにちは

7 またあしたね。	Míngtiān jiàn. 明天见。	
8 バイバイ。	Báibái. 拜拜。	

ここにのっているあいさつは、4と5以外は相手の人数を気にしないで使えます。

4はたくさんの人にむかってのとき、5は一人の先生にむかってのとき使います。

27

中国語のあいさつ

　中国語のあいさつでまず最初に覚えたいのは「こんにちは。」をあらわす"你好。"です。ただし"你"は「あなた」の意味なので、あいさつする相手が二人以上のときは「あなたたち」をあらわす"你们"を使います。中国語を学んだことのない人でも中国語の「こんにちは。」は"你好。"だと知っていることは多いですが、だれに対してでも"你好。"だけ使っていると奇妙に聞こえてしまいます。"你好。"と"你们好。"、最初は使い分けが難しいかもしれませんが、少しずつ慣れていきましょう！

　親しい人同士の場合"你好。"や"你们好。"を使わずに相手の名前を呼ぶだけであいさつになることもあります。さらに、「ご飯食べた？」や「どこに行くの？」にあたる言葉をあいさつがわりに使うこともあります。あいさつの習慣は国や場所が変わればいろいろと違ってきます。すべてをすぐに身につけるのは大変なので、まずは元気よく"你好。"や"你们好。"と言ってみることが中国語会話の良いスタートとなるはずです。

"你好。"の発音注意点

　"你好。"は声調が両方とも第３声◡（下に沈んだ音）です。ただ第３声を連続して言うのはとても言いにくいため、第３声が二つ続いた時の声調は一つ目の音が第２声（下から上に上がる音）になって、第２声╱＋第３声◡に変わります。習慣上表記は第３声◡＋第３声◡のままです。今は規則はあまり気にせずに、聞こえた通りまねしてみましょう！

レッスン **1** こんにちは

もっと おぼえてみよう

① Nǐ hǎo ma?
你好吗？ お元気ですか？

② Wǒ hěn hǎo.
我很好。 私は元気です。

"你好。"の後ろに「はい/いいえ」で答えられる疑問文をあらわす"吗"がつくと「お元気ですか？」という質問の意味になります。答える時は「はい」にあたる言葉はなしで"我很好。"と答えます。

レッスン2 ありがとう

中国語で書いてみよう！
「ありがとう。」はどう言う？

答えは次のページをチェック！

目標 中国語でお礼を言えるようになろう！

おぼえてみよう

Gěi nǐ ba.
给你吧。　　あげるよ。

Xièxie.
谢谢。　　ありがとう。

あたらしいことば

给 gěi　あげる
吧 ba　「〜よ」にあたることば
谢谢 xièxie　ありがとう

相手にものをあげたり、もらったりするときに使える言いかただよ！

元気よく「シエシエ」と言えるかな？「シェイシェイ」にならないようにね。

前のページの答え

谢谢。

日本語の「謝」と少しちがうから気をつけて書いてみよう！

31

"给你吧。"はだれに対して使える？

　この本で紹介している中国語表現は、子どもが子どもや親しい大人に対して、または大人が子どもに対して使うことを想定しているので、そういった時には"给你吧。"と言うことができます。ただし「あげるよ。」のニュアンスなので、子どもがよく知らない大人に対して、または大人が目上の人に対して使うことはあまりおすすめできません。その場合「どうぞお受け取りください。」のようなニュアンスになる言い方を使うので、次のページの「もっとおぼえてみよう」のコーナーをチェックしてみてください。中国語にも日本語の敬語のように目上の人に対して使う表現はあります。ただ、日本では年が近くても先輩に対しては敬語を使ったりしますが、中国語の場合そこまで厳密ではありません。この本で紹介している表現は大人の親しい人同士も年令の上下をあまり気にせず使えるものがほとんどです。

"给你吧。"と"谢谢。"の発音注意点

　"你好。"は第3声˅+第3声˅ですが、実際の読み方は第2声ˊ+第3声˅に変わりましたね。"给你吧。"も"给"と"你"がどちらも第3声˅なので同じことが起こります。また最後の"吧"は軽く読む音（軽声）なので、実際の読み方は第2声ˊ+第3声˅+軽声となります。"谢谢。"は中国語を学んだことない人でも知っている有名な表現ですが、「シェイシェイ」にならず「シエシエ」に近い音になるようにしましょう！

レッスン 2 ありがとう

もっと おぼえてみよう

① **请您收下吧。** Qǐng nín shōuxià ba.　どうぞお受け取りください。

② **不客气。** Bú kèqi.　どういたしまして。

"请您收下吧。"は目上の人に物をさし上げる時に使える表現です。"请"は「どうぞ」、"您"は"你"より丁寧な「あなた」、"收下"は「受け取る」という意味です。"不客气。"は「遠慮しないで。」という意味ですが、「どういたしまして。」として使える表現です。"谢谢。"と言われたら"不客气。"と返してみましょう！

レッスン 3 名前はなに？

中国語で書いてみよう！
自分の名前はどう言う？

答えは次のページをチェック！☞

目標 中国語で名前を聞いたり言ったりできるようになろう！

おぼえてみよう

Nǐ jiào shénme?
你叫什么？　　　あなたの名前はなに？

Wǒ jiào Miāomiao.
我叫 喵喵 。　　　わたしの名前は ミャオミャオ 。

□ の部分には自分の名前を日本語で入れてみよう！

例 我叫 さくら 。

あたらしいことば

叫 jiào 「名前は～という」にあたることば
什么 shénme なに
我 wǒ わたし、ぼく、おれなど
喵喵 Miāomiao ミャオミャオ（ネコの名前）
甜甜 Tiántian ティエンティエン（パンダの名前）

□ の部分には相手に呼んでほしい自分の名前（下の名前やニックネーム）を日本語のまま入れて言ってみよう。

中国語で自分のことをあらわす"我"は男女で同じ言いかただよ！

前のページの答え

我叫 □ 。　　□ の部分に自分の日本語の名前を入れて自己紹介しよう！

35

中国語であそんでみよう！

おぼえた中国語を使ってあそんだりゲームをしてみよう

その1 キャラクターになりきって自己紹介をしよう！

人数
一人でできる！

用意するもの
好きなキャラクターの人形や写真

あそびかた

❶ 好きなキャラクターの人形や写真をならべておく
❷ そのキャラクターにむかって"你叫什么？"と名前を聞く
❸ キャラクターの声で"我叫◯◯◯◯。"と答える
　 キャラクターの名前は日本語のままでオーケー！

例　我叫そんごくう。

レッスン 3 名前はなに？

その2 相手の名前を聞き取ってみよう！

人数
二人〜四人くらいがやりやすい！

用意するもの
紙とペン

あそびかた

1. やる人みんなでまるくなって座る
2. ほかの人に見えないように自分の新しい名前を考える
3. 順番を決める
4. 1番目の人から順番にとなりの人に"你叫什么？"と聞いていく
5. 聞かれた人は"我叫＿＿＿。"と新しい名前を答え、ほかの人は日本語で良いのでメモする
6. 最後に答え合わせしてみよう！正しく名前を書けたかな？

名前の聞き方

　中国語で相手の名前を聞く場合は"你叫什么？"を使うことが多いです。"叫"はこれ一文字で「名前は〜という」という意味になる便利な言葉です。「なに」という意味の"什么"はここから先のレッスンでもたくさん出てくるので、しっかり覚えておきましょう！

　初対面の目上の人に対する名前の聞き方は、次のページの「もっとおぼえてみよう」をチェックしてみてください。

名前の言い方

　自分の名前を言う時には"我叫☐。"を使います。☐の中には、フルネームや下の名前、相手に呼んでほしい自分のニックネームなどを入れることができます。なお、この場合☐に苗字のみを入れることはできません。

　この本では中国語を初めて学ぶ人が親しみやすいように☐には自分の日本語の名前を入れて良い、としています。特に日本で中国の人に知り合った場合は、日本語の名前で呼んでほしいと思われる人も多いでしょう。しかし本来の中国語のコミュニケーションでは、自分の日本語の名前を簡体字にし、それを中国語読みします。くわしくは40、41ページのコラムを見てみてください。

レッスン ③ 名前はなに？

もっと おぼえてみよう

① 您贵姓？ Nín guìxìng?　　苗字はなんとおっしゃいますか？

② 我姓〇〇。 Wǒ xìng 〇〇.　　私の苗字は〇〇といいます。

　初対面の目上の人には、"您贵姓？"という表現で苗字をたずねます。答える時には"我姓〇〇。"と答えます。"姓"はこれ一文字で「苗字は～という」という意味になります。ですので、"〇〇"には苗字のみ入れて、フルネームを入れることはできません。苗字とフルネーム両方を伝えたい時には、"我姓〇〇，我叫〇〇〇〇。"のように、先に苗字を伝えてからあらためてフルネームを伝えるとわかりやすいです。

中国語での名前の言い方

 日本語の名前は使えない？

　一般的な中国語のテキストを見ると、日本人の名前はたとえば"田中一郎 Tiánzhōng Yīláng"のように漢字を中国語読みした形で紹介されています。さらに名前の漢字が日本漢字と簡体字で字体が違う場合は、たとえば「高橋葉子」→"高桥叶子 Gāoqiáo Yèzǐ"のように漢字の形も違ってきます。これはずっと習慣的にそのようになっていて、現在でも中国語母語話者の間で、また中国語学習者の間で主流な方法です。この本では、まずは相手に自分が呼んで欲しい名前を伝えるコミュニケーションを重要視しているため、"我叫さくら。"のように日本語の音で相手に伝えても良いとしています。

 中国語の音で自分の名前を言いたい時には？

　中国語に少し慣れてきて「自分の名前の中国語の読み方を知りたい！」と思った時には、以下の無料ウェブサイトで自分の名前を中国語に変換してみましょう。

・中国語お名前チェッカー：
　https://www.ch-station.org/chntext/onamae/
　ウェブサイトの指示通りに自分の日本語の漢字の名前を打ち込むと、中国語の簡体字とピンインに変換されます。読み上げ機能もついているので音を確認することができます（あくまでも無料サービスなので、バグが起こることもあります）。

レッスン ③ 名前はなに？

 漢字の名前がない時には？

　「さくら」「こころ」のように日本語の名前で漢字がない場合、「桜」「心」のように意味の通る漢字表記を決めておくことをおすすめします。また「畠（はたけ）」のように日本で作られた国字（中国にはない字）が名前に入っている場合、左記ウェブサイトで変換されないことがあります。

　現在苗字などでよく使われる日本の国字は、字の中に含まれている別の漢字の読み方で中国語読みをつけるという方法が採用されています（例えば「辻」→"十 shí"）。また、「佐々木」のように「々」が入っている場合、「佐佐木」とすれば大丈夫です。

　それでも一部の国字はどうしても読み方や簡体字への変換方法が分からないこともあります。中国語のクラスでそういった字の名前の学生がいた場合、先生が辞書をひき、インターネットで調べ、中国人の複数の友人にたずね、頭を悩ませてやっと読み方が決まる…ということも起こります。

これはなに？

中国語で書いてみよう！
「これはなに？」はどう言う？

答えは次のページをチェック！

目標
中国語で目の前のものについて聞いたり言ったりできるようになろう！

おぼえてみよう

Zhè shì shénme?
这是什么？ これはなに？

Zhè shì tánghúlu.
这是 糖葫芦 。 これは サンザシアメ 。

□ にはいろんなものの名前が入れられるよ！
44、45ページのミニ辞典も見てね！

あたらしいことば

这 zhè これ
是 shì 「～は～です」にあたることば
糖葫芦 tánghúlu サンザシアメ
如意金箍棒 rúyìjīngūbàng （孫悟空の）如意棒
水饺 shuǐjiǎo 水ぎょうざ

目の前のものを指さしながら言ってみてね♪中国語の名前がわからなければ日本語で言ってみて！

"糖葫芦"は中国に昔からあるりんごあめに似たおかしだよ！

前のページの答え

这是什么？ 　水ぎょうざを持ってるってすぐわかったかな？

身のまわりのもの

身のまわりにあるものの名前を言ってみよう！

1 ペン	bǐ 笔	
2 はさみ	jiǎndāo 剪刀	
3 本	shū 书	
4 服	yīfu 衣服	
5 くつ	xié 鞋	
6 ぼうし	màozi 帽子	

44

レッスン **4** これはなに？

7 スマートフォン	shǒujī 手机	
8 パソコン	diànnǎo 电脑	
9 いす	yǐzi 椅子	
10 つくえ	zhuōzi 桌子	
11 コップ	bēizi 杯子	
12 おはし	kuàizi 筷子	
13 スプーン	sháozi 勺子	

中国語であそんでみよう！

おぼえた中国語を使ってあそんだりゲームをしてみよう

その1 身のまわりにあるものの名前をたくさん言ってみよう！

人数
一人でできる！

用意するもの
とくになし（ものがたくさんある部屋の中でやろう！）

あそびかた

❶ 部屋の中でいろんなものを指さしながら"这是☐。"と言ってみよう

☐にはいろんなものの名前が入れられるよ！
ミニ辞典にある言葉を活用してね！
中国語の言いかたがわからなければ日本語でもオーケー！

例 这是フライパン。

レッスン **4** これはなに？

その2 名前を知らないものを集めておたがいに聞きあってみよう！

人数
二人〜四人くらいがやりやすい！

用意するもの
みんなが名前を知らなさそうなもの、またはその写真

あそびかた

① 自分は名前を知っているけどほかの人は知らなさそうなもの（またはその写真）をいくつか集める
  ものを持ってくるときには必ずあぶなくないものにしてね！
  名前は日本語の名前を知っていればオーケー！

② 順番を決める

③ ほかの人にもの（または写真）を見せながら1番目の人から順番に"这是什么？"とみんなに聞いていく

④ 名前を知っていた人は"这是 ☐ 。"と答える（知らない人は答えない）

⑤ だれも名前を知らないめずらしいものを持ってこられた人はだれかな？

解説

 「これはなに？」はいつ使う？

　「これはなに？」をあらわす"这是什么？"はいつどこで使うのでしょうか？日本語で考えてみると、その物がなんだかわからない時、たとえば買い物に行ったお店で自分が今まで見たこともない道具を見た時に使うのではないでしょうか。中国語の"这是什么？"もそのような時に使うことが多いです。47ページのゲームのように、名前を知らないよくわからない物を見て、心から"这是什么？"と言えると楽しいです。

 "这是什么？"の発音注意点

　シンプルな表現ですが、かなり難しい発音になっています。「これ」をあらわす"这 zhè"は、"zh"が舌を口の中で反らせながら「ジ」と言う音、"e"が口を少し横に広げて「オ」と言う音です。「〜は〜です」をあらわす"是 shì"も舌を口の中で反らせながら「シ」と言う音です（くわしくはこの本の20、21ページで解説しています）。「なに」をあらわす"什么 shénme"は…と、ここまで読んでくれた人はだんだん飽きてきたでしょう。まずは、音声を何度も聞いてみましょう。そして、声調（この場合は第4声＋第4声＋第2声＋軽声）を歌うように真似してみましょう。同じような音の流れになったでしょうか？そこまでできて、あとは"zh, sh"の音を舌を口の中で反らせながら言おうとする、それだけでもずいぶん発音は良くなってきます。

レッスン **4** これはなに？

もっと おぼえてみよう

❶ Nà shì shénme?
   那是什么？　　　あれはなに？

❷ Nà shì ○○.
   那是○○。　　　あれは○○。

　"这是什么？"と"这是○○。"は目の前の物を指さしているような状況で使えますが、もっと遠くにある物について聞いたり言ったりしたい時は「あれ」を表す"那"を使います。中国語には「それ」にあたる言葉がないので、自分から近い物をさす時には常に"这"、自分から遠い物をさす時には常に"那"を使います。

レッスン 5 なんさい？

中国語で書いてみよう！
自分の年令はどう言う？

答えは次のページをチェック！

目標 中国語で年令を聞いたり言ったりできるようになろう！

◥ おぼえてみよう ◤

Nǐ jǐ suì le?
你几岁了？ あなたなんさい？

Wǒ sān suì le.
我 三 岁了。 わたし3さい。

☐ の部分には自分の年令を入れてみよう！
数字の言いかたは52ページにくわしく出ているよ！

あたらしいことば

几 jǐ いくつ（数をたずねるときに使う）
岁 suì さい（年令）
了 le 文の最後について「～になった」という意味をあらわすことば
三 sān 数字の3
八 bā 数字の8

 "你几岁了？"はだいたい10さいより小さい子どもに使える聞きかただよ。

 次の52ページを読めば数字がたくさん言えるようになるぞ！ちなみにわたしは99さいだ！

前のページの答え

我 ☐ 岁了。　　☐ の部分に自分の年令を漢字で入れてみよう！

中国語であそんでみよう！

おぼえた中国語を使ってあそんだりゲームをしてみよう

その1 手をつけて数字をおぼえよう！

あそびかた

① 下のイラストを見て、手の形をまねしてみよう
② お手本の音声をよく聞いて、まねして言ってみよう
③ なれてきたら、手と口いっしょに動かしてみよう

数字1～10が言えるようになったら、11より大きい数が言えるようになるよ！

11→十一 shíyī　　12→十二 shí'èr　　…19→十九 shíjiǔ

20→二十 èrshí　　21→二十一 èrshiyī　　…99→九十九 jiǔshijiǔ
　　　　　　　　（十の声調がshíではなくshiと軽声になるので注意！）

まずは99まで言えるようになろう！
このQRコードでは、1～99までの音が聞けるよ→

レッスン ⑤ なんさい？

その2 数字をはやく言う練習をしよう！

人数
一人でも二人以上でもできる！

用意するもの
ストップウォッチ、紙、ペン

あそびかた

❶ 数字を1からいくつまで言うか決める（1〜30くらいがおすすめ！）

❷ 決めた数字を言いながら、ストップウォッチでタイムをはかる

❸ 数字を言うのにかかった時間を紙に記録する

❹ 一人でやる場合→前のタイムよりどんどんはやく言えるように練習しよう

　二人以上でやる場合→だれが一番はやく言えるか競争してみよう

数字の言い方

　中国語の数字は英語と比べると日本語にとても似ていて覚えやすいです。52ページにもあるように、1〜10までを覚えてしまえば、日本語と同じ形で11〜99までを言うことができます。また、数字の3が"三 sān"という読み方だったり、一部の音も日本語と似た印象を受けます。まずはなにも見ずに、1〜10までを言えるようにたくさん練習してみましょう。数字は日常生活で目にする機会が多いので、目に入った数字をとにかく中国語で読んでみるという方法もおすすめです。

　中国でも数字を書く時には、現代では場面や用途によって漢数字とアラビア数字両方が使われていますが、この本では中国語の文中ではすべて漢数字にしています。

年令の聞き方

　レッスン2でも解説した通り、この本に出ている表現は子どもに対して使える表現が基本です。そのため、年令の聞き方はおおむね10才以下の子どもに対して使える"你几岁了？"を紹介しています。10才より大きい子どもや大人に対して年令を聞く時には"你多大了？"という表現を使います。55ページの「もっとおぼえてみよう」のコーナーにのっています。ただ、現代では大人に対して年令を聞くことは場合によっては失礼になるので、まずは小さい子どもに対して"你几岁了？"を使ってみましょう。聞かれた子どもはよろこんで年令を教えてくれるはずです。

レッスン ⑤ なんさい？

 おぼえてみよう

Nǐ duōdà le?
① 你多大了？　　あなたはなん才ですか？

Nín duōdà niánjì le?
② 您多大年纪了？
　　（お年寄りに対して）おいくつになられましたか？

　10才より大きい子どもや大人に対して年令を聞く時には①、お年寄りに対しては②を使います（ただしどちらもとても親しい関係の場合のみ）。答える時には、どちらも"我〇〇岁了。"と答えられます。

中国語での数字の言い方

１と２が難しい！？

　52ページや54ページで言及したように、中国語の数字は１〜10を覚えてしまえば11〜99にも応用できるので覚えやすいです。しかし、１と２は言い方が異なる場合があります。数字の１は、序数を表す時には"一 yī"と１声で読みます。ところが数量を表す時（１個や１冊など）は、"一个 yí ge"（１個）"一本 yì běn"（１冊）のように後ろにつく言葉の声調によって１の声調も変わってきてしまいます。

　数字の２は、序数を表す時には"二 èr"と読みますが、数量を表す時（２個や２冊など）はなんと"两个 liǎng ge"（２個）"两本 liǎng běn"（２冊）のように"两 liǎng"が使われます。これらの規則を全部覚えて正しく使えるようになるのは、中国語学習者にとってなかなかの高難易度です。まずは、52ページや53ページの方法を使って数字（序数）の言い方をしっかり練習して覚えてみましょう。慣れてきたら、２個や２冊と言いたい時には"两 liǎng"を使ってみましょう。

　１の声調が変わるケースは、極論規則を覚えなくても、テキストに書いてある通りの声調で読めば初級段階ではほとんど問題ありません。３から99までの数では、このような変則的なことは通常起こりません。

レッスン ⑤ なんさい？

100より大きい数

　中国語で99まで言えるようになったら次は100と言いたくなりますね。100は"一百 yìbǎi"と言い、日本語と違って百の前に一がついています。では次の101は…となると、今度は"一百零一 yìbǎi líng yī"と読み、十の位の０を読まなければなりません。このように、99まではかなり日本語と同じだった数字が100を超えると中国語にしかない規則が出てきてなかなか大変です。

　現代では、基本みんなスマホを持っています。100より大きい数を確実に人に伝えたい時には、スマホを使ってアラビア数字を打って相手に見せるなどの楽な方法を選んでも良いと思います。

復習してみよう！ レッスン1〜5

その1　〇×クイズ

質問があっていると思ったら〇、ちがっていると思ったら×をつけよう！

例　中国語の「こんにちは。」は"你好。"と言う。　〇

第1問
二人以上の人にも"你好。"と言って良い。

第2問
中国語の「ありがとう。」は"谢谢。"と言う。

第3問
相手の名前を聞きたいときには"你叫什么？"と聞く。

第4問
（**ヒント**…レッスン4「もっとおぼえてみよう」）

中国語の「これはなに？」は"那是什么？"と言う。

第5問
中国語の「14」は"sìshí"と書く。

答えは60ページをチェック！

その**2**　ならべかえクイズ

バラバラになった簡体字を正しい順番にしよう！

例（好　你）➡ 　你　好　。

日本語の意味を書いてみよう　➡　（一人の人にむかって）
こんにちは。

第1問（好　们　你）　➡　□□□。

日本語の意味を書いてみよう　➡　___。

第2問（吧　给　你）　➡　□□□。

日本語の意味を書いてみよう　➡　___。

第3問（喵　我　喵　叫）　➡　□□□□。

日本語の意味を書いてみよう　➡　___。

第4問（么　是　什　这）　➡　□□□□？

日本語の意味を書いてみよう　➡　___？

第5問（岁　几　了　你）　➡　□□□□？

日本語の意味を書いてみよう　➡　___？

答えは61ページをチェック！

59

その1　〇×クイズの答え

第1問　答え　×

二人以上の人に「こんにちは。」と言うときには"你们好。"と言おう。

→　レッスン1をチェック！

第2問　答え　〇

中国語の「ありがとう。」は"谢谢。"と言おう。

→　レッスン2をチェック！

第3問　答え　〇

相手の名前を聞きたいときには"你叫什么？"を使おう。

→　レッスン3をチェック！

第4問　答え　×

中国語の「これはなに？」は"这是什么？"だよ。"那是什么？"は49ページの「もっとおぼえてみよう」を見てみよう！

→　レッスン4をチェック！

第5問　答え　×

「10」は"shí"、「4」は"sì"だから「14」は"shísì"だよ！

→　レッスン5をチェック！

全部わかったかな？わからなかったところはレッスンにもどってチェックしよう！

復習してみよう！ レッスン 1~5

その2　ならべかえクイズの答え

第1問 答え ➡ 你 们 好 。

日本語の意味 ➡ （二人以上の人にむかって）こんにちは。

➡ レッスン1をチェック！

第2問 答え ➡ 给 你 吧 。

日本語の意味 ➡ あげるよ。

➡ レッスン2をチェック！

第3問 答え ➡ 我 叫 喵 喵 。

日本語の意味 ➡ わたしの名前はミャオミャオ。

➡ レッスン3をチェック！

第4問 答え ➡ 这 是 什 么 ？

日本語の意味 ➡ これはなに？

➡ レッスン4をチェック！

第5問 答え ➡ 你 几 岁 了 ？

日本語の意味 ➡ あなたなんさい？

➡ レッスン5をチェック！

いろんな中国語がわかってきてきみはすごいニャ！
レッスン6からもがんばって！

レッスン 6 この人はだれ？

中国語で書いてみよう！

「この人は私の ☐ （家族や友だち）です。」はどう言う？

ヒントは64、65ページ、答えは63ページをチェック！

目標 中国語で家族や友だちの紹介ができるようになろう！

おぼえてみよう

Tā shì shéi?
她是谁？　　　この人はだれ？

Tā shì wǒ de [māma].
她是我的[妈妈]。　この人はわたしの[お母さん]。

　　　　　□には家族や先生や友だちが入れられるよ！
　　　　　64、65ページのミニ辞典も見てね！

あたらしいことば

她 tā　彼女（男性のときには「彼」をあらわす"他"を使う。発音は同じ"tā"）

※日本語では「彼女/彼」はあまり使わないので、「この人」としています

谁 shéi　だれ

的 de　「〜の」にあたることば

妈妈 māma　お母さん

老师 lǎoshī　先生

目の前にいる人を指さして「この人はだれ？」と聞くと失礼になるぞ！写真の中の人や遠くの人に使おう！

前のページの答え

她是我的□。

　　　□のところには家族や友だちを中国語で入れてみよう！
　　　※男性のときには"她"のところを"他"にしてね！

63

家族や先生、友だち

家族など、身近な人の言いかたをおぼえてみよう！

1 お父さん	bàba 爸爸	
2 お母さん	māma 妈妈	
3 お兄ちゃん	gēge 哥哥	
4 お姉ちゃん	jiějie 姐姐	
5 弟	dìdi 弟弟	
6 妹	mèimei 妹妹	

レッスン **6** この人はだれ？

7 ちちかた 父方の おじいちゃん	yéye **爷爷**	
8 ちちかた 父方の おばあちゃん	nǎinai **奶奶**	
9 ははかた 母方の おじいちゃん	lǎoye **姥爷**	
10 ははかた 母方の おばあちゃん	lǎolao **姥姥**	
11 せんせい 先生	lǎoshī **老师**	
12 とも 友だち	péngyou **朋友**	

「おじいちゃん」「おばあちゃん」の言いかたがこまかく分かれているのに注目！

解説

「私/あなた/彼/彼女」をよく使う

　今までのレッスンに登場した表現からもわかる通り、中国語では「私/あなた/彼/彼女」にあたる表現を英語と同様によく使います。日本語ではあまり使いませんね（うちの4才の息子はなぜかたまに「あなたは〜してよ。」と私に向かって言いますが、なんだか奇妙な感じがします）。この本のレッスン中の例文では、わかりやすくするためになるべく中国語に忠実に日本語訳をつけていますが、レッスン6の"他"（彼）や"她"（彼女）のところは「この人」という訳にしています。

家族・親族の言い方

　中国語の家族・親族の言い方はかなり複雑です。65ページの「おじいちゃん」「おばあちゃん」も父方と母方で言い方が違いましたが、もしここに「おじさん」「おばさん」「いとこ」なども加えるとさらに細かく分かれてきます。たとえば「いとこ」は日本語では父方と母方で分けませんが、中国語では以下のようになります。

	年上・男性	年上・女性	年下・男性	年下・女性
父方	堂哥 tánggē	堂姐 tángjiě	堂弟 tángdì	堂妹 tángmèi
母方	表哥 biǎogē	表姐 biǎojiě	表弟 biǎodì	表妹 biǎomèi

　年上か年下かは、自分を基準にします。家族・親族の言い方がさらに気になる人はぜひインターネットで「中国語　家族」と検索して調べて

レッスン 6 この人はだれ？

みてください。また、方言の影響もあって地域によっても言い方が違うことがよくあります。この本で紹介しているものは比較的どこの地域でも通じる言い方ですので、まずはここから慣れていきましょう！

 おぼえてみよう

① 您是哪位？
Nín shì nǎ wèi?
あなたはどなたですか？

② 我是〇〇的朋友。
Wǒ shì 〇〇 de péngyou.
私は〇〇の友だちです。

"你是谁？"と目の前の人に聞いてしまうと「あんただれ？」のようなニュアンスで聞こえてしまい、不適切な場合が多いです。どうしても目の前の人に「どなたですか？」と聞きたい場合は、①の表現を使います。ただ、相手がだれだか分からない初対面同士であれば、"你好，我叫〇〇。"とまずは自分から名乗って自己紹介した方が良いすべりだしになるでしょう。

67

レッスン 7 どれがほしい？

中国語で書いてみよう！

「これがほしい。」はどう言う？

答えは次のページをチェック！

目標 中国語でほしいものを伝えられるようになろう！

◆ おぼえてみよう ◆

Nǐ yào nǎge?
你要哪个？ どれがほしい？

Wǒ yào zhège.
我要这个。 これがほしい。

あたらしいことば

要 yào　ほしい
哪个 nǎge　どれ
这个 zhège　これ

 目の前のいくつかのものからほしいものを選んだりするときに使えるニャ。

 レッスン4では「これ」は"这"だったのおぼえてるかな？レッスン7では"这个"を使うから気をつけてね！くわしく知りたい人は70、71ページを見てね。

前のページの答え

我要这个。

マンガの中のほしいものを指さしながら言う練習をしてみよう！

69

解説

❖ 中国語の「これ」と「あれ」

　レッスン４では"这是什么？"（これはなに？）が出てきました。ところがレッスン７では「これ」にあたる言葉が"这个"になっています。どうしてなのでしょう？"这"と"这个"、どちらも中国語の「これ」です。「これはなに？」の時に"这个是什么？"と言うことはできます。ところが「これがほしい。」の時に"我要这。"とは言えないのです。その理由は、"这"は文の先頭にしか来ることができない、という中国語の文の決まり（文法と言います）があるからです。そのため「これがほしい。」の時には"我要这个。"を使います。また、レッスン４の「もっとおぼえてみよう」には「あれ」にあたる"那"も出てきました。「あれ」も「これ」と同じ規則があるので、「あれはなに？」と聞きたい時には"那是什么？"と言えますが、「あれがほしい。」と言いたい時には"我要那个。"という言い方になります。

❖ "这个"は万能！？

　"这个"についている"个 ge"って何なのでしょう？これは、中国語の「個」にあたる言葉です（量詞と言います）。日本語には「個」「枚」「匹」のような物や生き物を数える時に使う言葉（助数詞と言います）がありますが、それと同じような働きをします。中国語の量詞では、りんごやボールは"个"で数え、シャツなどの服は"件 jiàn"、ネコは"只 zhī"を使って数えます（ほかにもたくさんの種類があります）。そして、本来なら「これがほしい。」と言いたい時には、ほしい物に対して適切な量詞

を"这"の後ろにつけなければなりません。たとえば服を指さして「これがほしい」と言いたい時には"我要这件。"と言います。しかしこれだと世の中のいろんな物に合わせたすごくたくさんの量詞を覚えなければならず、とても大変です。そのため、この本ではもっともよく使い、さまざまなものに使える"个"をつけた表現"这个"を紹介しています。日常生活の場面（買い物など）でほしいものを指さして伝える時には"我要这个。"が使えればほとんど問題ありません。

Wǒ yào nàge.
① 我要那个。　　あれがほしい。

少し遠くのものを指さして「あれがほしい。」と言いたい時にはこの表現を使います。「どれ」の"哪个"と発音が似ているのでよく聞いてみましょう！

レッスン8 なにを食べる？

中国語で書いてみよう！

「☐（自分の食べたいくだもの）を食べる。」はどう言う？

ヒントは74、75ページ、答えは73ページをチェック！

目標 中国語で食べたいものを聞いたり言ったりできるようになろう！

おぼえてみよう

Nǐ chī shénme?
你吃什么？　なにを食べる？

Wǒ chī yú .
我吃 鱼 。　 さかな を食べる。

☐には自分の食べたいものが入れられるよ！
74〜77ページのミニ辞典も見てね！

あたらしいことば

吃 chī　食べる
鱼 yú　さかな
糖葫芦 tánghúlu　（43ページをもう一度チェック！）

レストランでメニューを見たり、おやつを食べようとしているときに使ってみてね！

74〜77ページに食べものの名前がたくさんのってるニャ！自分の好きな食べものからおぼえてみてニャ！

前のページの答え

我吃☐。　　☐のところには食べたいくだものを中国語で入れてみよう！

ミニ辞典

食べもの（おかしやくだもの）

まずはみんなの大好きなあまいものの言いかたをおぼえてみよう！

1 ケーキ	dàngāo 蛋糕	
2 アイスクリーム	bīngqílín 冰淇淋	
3 プリン	bùdīng 布丁	
4 チョコレート	qiǎokèlì 巧克力	
5 ビスケット、クッキー	bǐnggān 饼干	
6 キャンディー	tángguǒ 糖果	

レッスン **8** なに を 食べる？

7 りんご	píngguǒ **苹果**	
8 みかん	júzi **橘子**	
9 バナナ	xiāngjiāo **香蕉**	
10 ぶどう	pútao **葡萄**	
11 もも	táozi **桃子**	
12 いちご	cǎoméi **草莓**	
13 すいか	xīguā **西瓜**	

食べもの（野菜や料理）

ご飯で食べるものの言いかたもおぼえてみよう！

1 にんじん	húluóbo 胡萝卜	
2 たまねぎ	yángcōng 洋葱	
3 じゃがいも	tǔdòu 土豆	
4 キャベツ	yángbáicài 洋白菜	
5 牛肉（ぎゅうにく）	niúròu 牛肉	
6 ぶた肉（にく）	zhūròu 猪肉	

レッスン **8** なにを食べる？

7 とり肉	jīròu 鸡肉	
8 ご飯（白米）	mǐfàn 米饭	
9 パン	miànbāo 面包	
10 ハンバーガー	hànbǎobāo 汉堡包	
11 スパゲッティ	yìdàlìmiàn 意大利面	
12 ピザ	bǐsàbǐng 比萨饼	
13 チャーハン	chǎofàn 炒饭	

77

 解説

「食べる」はイメージしやすい動詞

　ご飯やお菓子を食べることはみんな毎日何回もしています。「食べる」という動きはとてもイメージがしやすいものですね。このような「動きをあらわす言葉」を「動詞」といいます。レッスン8では、動詞を使った文を紹介しました（※）。動詞「食べる」には、「魚を食べる」のように食べる物の名前がしばしばくっついてきます。日本語は「食べる物＋食べる」の順番ですが、中国語の場合は"我吃鱼。"のように、"吃（食べる）＋鱼（食べる物）"の順番です。日本語と中国語では、このように言葉を並べる順番が違ってくることがよくあります。あまり難しく考えず、まずはレッスン8で紹介した「食べる」などの身近な表現をそのまま覚えて使ってみることが大切だと思います。

※レッスン7以前でも動詞は出てきますが、レッスン8で初めて動詞の存在に着目しています。

"吃"の発音注意点

　中国語の「食べる」が"吃"であることは中国語を学んだことがない人でも知っている人が比較的多いようです。でも多くの場合日本語の「チー」のような音になっている印象です。"吃"の発音は"chī"で、これは口の中で舌を上に反らせた形にして、さらに息を強めに出して発音する音です（この本の21、118ページでくわしく、また48ページでも少し解説しています）。よく使う動詞だからこそ、きれいに発音できたらうれしいですね。音を何度も聞いて練習してみましょう！

レッスン 8 なにを食べる?

もっと おぼえてみよう

1 Nǐ hē shénme?
你喝什么? なにを飲む?

2 Wǒ hē píngguǒzhī.
我喝苹果汁。 りんごジュースを飲む。

「食べる」を覚えたら次は「飲む」も覚えてみましょう。「飲む」は中国語で"喝 hē"と言います。日本語の「ヘー」のような音にならないよう、口を少し横に広げた形("e"の口の形)をキープしたまま少し強めに「ホー」と言うと、かなり正確な音が出ます。

レッスン 9 おいしい？

中国語で書いてみよう！

「おいしい。」はどう言う？

答えは次のページをチェック！

中国語でおいしいと聞いたり言ったりできるようになろう！

おぼえてみよう

Hǎochī ma?
好吃吗？　　おいしい？

Hěn hǎochī.
很好吃。　　おいしい。

あたらしいことば

好吃 hǎochī　（食べものが）おいしい

吗 ma　「はい/いいえ」で答えられる質問をするときに文の最後につけることば

很 hěn　"好吃"などの前につけることが多いことば

　"好吃"は食べものに対して使える「おいしい。」だよ。飲みものに対して使える「おいしい。」は83、87ページを見てみてね！

　"吗"は質問をするときに、"很"は答えを言うときに使おう！くわしい解説は86、87ページにのってるぞ！

前のページの答え

很好吃。

自分がくだものを食べているところを想像しながら言ってみよう！

いろいろな形容詞

感じや気持ちをあらわすことば（形容詞）をおぼえてみよう！

1 あつい	rè 热	
2 さむい	lěng 冷	
3 あたたかい	nuǎnhuo 暖和	
4 すずしい	liángkuai 凉快	
5 いたい	téng 疼	
6 うれしい	gāoxìng 高兴	

7 かなしい	nánguò 难过	
8 かわいい	kě'ài 可爱	
9 たのしい	kāixīn 开心	
10 こわい	kěpà 可怕	
11 きれい	piàoliang 漂亮	
12 おもしろい	yǒuyìsi 有意思	
13 (飲みものが) おいしい	hǎohē 好喝	

中国語であそんでみよう！

おぼえた中国語を使ってあそんだりゲームをしてみよう！

中国語でお店屋さんごっこをしよう！

人数
二人以上何人でもできる！

用意するもの
おままごとの食べものやおもちゃなど

あそびかた

❶ お店屋さんになる人とお客さんになる人を決める

❷ お店屋さんになる人はお店の場所をつくって商品をならべる

❸ お客さんがお店屋さんに来て、中国語でお買いものをする
使える中国語会話の例は右のページを見てみてね！
読みかたや意味がわからないときは前のレッスンをチェック！
ほかにも使えそうなことばはあるかな？自分でも考えてみよう！

❹ 少しあそんだら、お店屋さんになる人とお客さんを交代する

レッスン 9 おいしい？

ポイント

・今までのレッスンでたくさんおぼえた中国語を使ってみよう！
・お金の言い方はまだやっていないので、お金のやりとりはなしでやってみよう！
・ものの名前がわからなかったら、日本語をまぜてオーケー！

動詞の文が言えたら次は形容詞の文

　レッスン8では"吃"（食べる）という動詞を使った文を紹介しました。レッスン9では"好吃"（おいしい）という形容詞を使った文を紹介しています。形容詞とは「おいしい」「かわいい」「楽しい」などの、物事の感じや気持ちをあらわす言葉です。中国語では形容詞を使った文で気をつけなければならない決まりがいくつかあります。

① 「おいしいですか？」といった質問を作る時には、形容詞（この場合は"好吃"）の後ろに"吗"を付けて"好吃吗？"と言います。

② その質問に答えて「おいしいです。」と言いたい時には、形容詞の前に"很"を付けて"很好吃。"と言います。"很"はこの場合おまけのようなものですが、今は「おまけだったらいらないよね？」と思わず必ずつけましょう。

③ もし「おいしくないです。」と言いたい時には、形容詞の前に"不 bù"を付けて"不好吃。"と言います。ただし、特に「おいしくないです。」は言われた相手が傷つくこともあるので、あまり使うことをおすすめはできません。「寒くないです。」（不冷 bù lěng。）のようにまったく悪い意味がなく使える場合もあります。

　これは、形容詞を使った文で説明しなければいけないことのごく一部ですが、まずは最低限ここだけは覚えてほしいと思います。この決まりが分かれば、82、83ページで紹介されているほかの形容詞を使った文もすぐ作れるようになります。

レッスン 9 おいしい？

 おぼえてみよう

Hǎohē ma?
① 好喝吗？　（飲み物が）おいしい？

Hěn hǎohē.
② 很好喝。　（飲み物が）おいしい。

"好喝 hǎohē"とは飲み物に対して使える「おいしい」です。中国語では、食べ物がおいしい時に使う"好吃"とはっきり分けています（世界の言語の中でもめずらしいはずです）。"好喝"も形容詞なので、文の作り方の決まりは"好吃"と同じです。

> コラム 中国語で買い物

 ## やっぱり買い物くらいは…

　外国語を学ぶ時の目標はなんでしょう？留学できるようにとか、大学受験や仕事のためにという大きな目標ももちろんありますが、多くの人がまずはその言語で買い物くらいの日常会話ができるように、という目標を立てるのではないでしょうか？買い物は、お金を持ってお店に行ってそのお店の人とやりとりし、お金を払って欲しい商品をもらって帰ってくるという、なかなかのコミュニケーション能力を必要とします。レッスン9ではそのシミュレーションができるよう、学んだ中国語表現を使ってお店屋さんごっこゲームをやってみてもらいました。お金の支払いの場面は、表現をまだやっていないこと、また現代は現金のみでなくカードや電子マネーなどさまざまな支払い方法があることから入れていませんが、お店の人と会話する楽しさを実感しながら遊んでいただければと思います。

 ## 中国のお店事情

　中国国内のお店は、昔はほとんどが個人商店で場合によっては値段のかけひきもしなければならないことがありました。ところが現在はスーパーマーケットやチェーン店が増え、支払いもほとんどが電子マネーで、買い物の場面で言葉のコミュニケーションがいらないことも多くなりました。とはいえ、昔ながらの商店も残っていますし、会計のところでお店の人がいれば何も言わずに買うよりもあ

いさつや世間話をした方がおたがいに楽しく円滑に進むことが多いです（全然話してくれない人もいますが）。また、中国語圏に行かずとも、日本国内には中華スーパーなど中国の人が経営しているお店がたくさんあります。買い物の時に使えるちょっとした表現は覚えておけば使える場面はきっとありますので、その日のためにぜひお店屋さんごっこでシミュレーションをしておきましょう！

レッスン 10 いっしょに行こうよ

中国語で書いてみよう！

「いっしょに _____（自分がみんなとやりたいこと）しよう。」はどう言う？

ヒントは92、93ページ、答えは91ページをチェック！

目標 中国語でまわりの人をさそえるようになろう！

おぼえてみよう

Yìqǐ qù ba.
一起 去 吧。　いっしょに行こうよ。

Hǎode.
好的。　　　いいよ。

　　　　□にはいっしょにすることが入れられるよ！
　　　　92、93ページのミニ辞典も見てね！

あたらしいことば

一起 yìqǐ　いっしょに
去 qù　行く
好的 hǎode　いいよ
玩 wán　あそぶ

"一起"のうしろにすることを入れて、いろんな人をさそってみてニャ！

レッスン1から続けてきた人は、ずいぶんたくさんの中国語をおぼえたぞ！とてもすごいことだ！よくやったね♪

前のページの答え

一起 □ 吧。

□のところにはミャオミャオたちといっしょにしたいことを入れてみよう！することの言いかたは92、93ページのミニ辞典も見てね！

91

1日の行動

家や学校で毎日することの言いかたをおぼえてみよう！

1 起きる	qǐ chuáng 起床	
2 ご飯を食べる	chī fàn 吃饭	
3 トイレに行く	shàng xǐshǒujiān 上洗手间	
4 着がえる	huàn yīfu 换衣服	
5 出かける	chūmén 出门	
6 中国語を勉強する	xuéxí Hànyǔ 学习汉语	

レッスン **10** いっしょに行こうよ

7 家に帰る	huí jiā **回家**	
8 手を洗う	xǐshǒu **洗手**	
9 宿題をする	zuò zuòyè **做作业**	
10 ゲームであそぶ (ボードゲーム、テレビ ゲームどちらも使える)	wán yóuxì **玩游戏**	
11 おふろに入る	xǐzǎo **洗澡**	
12 歯をみがく	shuāyá **刷牙**	
13 寝る	shuìjiào **睡觉**	

93

解説

人をおさそいする時の言い方

　"一起〜吧。"は、親しい人に対して「いっしょに〜しようよ。」とおさそいする表現です。子ども同士や大人が子どもに対して使うのはもちろん、大人の友人同士などでもよく使われます。"一起〜吧。"の〜部分には、"去"や"玩"といった動詞や、92、93ページにのっているさまざまな行動を入れることができます。おさそいを受けた時の「いいよ。」にもいろんなパターンの言い方がありますが、この本ではすでにみなさんが知っている"好"と"的"をつなげた表現を紹介しました。元気よくうれしそうに"好的。"と言えたらより良いですね！

"去"と"玩"の発音注意点

　「いっしょに行こう。」や「いっしょに遊ぼう。」どちらも子どもが日常生活で言うことが多い言葉なので、上手に言えるとうれしいですね。"去"は"qù"と書きますが、ここで気を付けなければならないのは、"u"の発音です。"q"の後ろにくる"u"は、実際は"ü"の音となります。「チ」を強めに言ったあとにすぐ"ü"を言う、それをすばやく行うと、"去qù"の音になります。"玩"は"wán"と書き、音声を聞くと「ワン」のように聞こえます。ところが、"wán"の実際の音は"uán"なので、「ワン」よりも「ウアン」に近い音になります。"u"をしっかり発音するときれいな発音になります（"ü"や"u"のくわしい発音方法はこの本の20ページに出ているので、再チェックしてみてください）。

※現在日本で使われる中国語のテキストでは、「遊ぶ」は"玩儿 wánr"という表記になるこ

レッスン **10** いっしょに行こうよ

とが多いです。これは中国の北の方でよく使われる言い方です。"玩儿 wánr"は発音が難しいため、この本では南の方でよく使われる比較的言いやすい"玩 wán"という言い方を使っています。

 おぼえてみよう

① Yìqǐ qù wán ba.
一起去玩吧。　いっしょに遊びに行こうよ。

② Yìqǐ qù gōngyuán wán ba.
一起去公园玩吧。
　　　　　　いっしょに公園に遊びに行こうよ。

　レッスン10で練習した"一起去吧。"と"玩"を合体させると、「いっしょに遊びに行こう。」という意味になります。さらに"去"の後ろに遊びに行く場所（②では「公園」の意味の"公园"）を付けることもできます。これで、いろんなパターンのおさそいができますね♪

 ここでレッスンは終了です！
次のページからの復習や簡体字練習にも
挑戦してみましょう！

復習してみよう！ レッスン6〜10

その1 ○×クイズ

質問があっていると思ったら○、ちがっていると思ったら×をつけよう！

例 中国語の「こんにちは。」は"你好。"と言う。　　　　○

第1問

"她是谁？"は写真の中にいる人に対して使える。

第2問

目の前のものがほしいときには"我要这。"と言う。

第3問

「なにを食べる？」と聞きたいときには"你吃什么？"と聞く。

第4問

"很好吃。"は食べものにも飲みものにも使える。

第5問 ハイレベル （ヒント…レッスン10「ミニ辞典」）

「いっしょに中国語を勉強しよう。」は"一起学习汉语吧。"と言う。

答えは98ページをチェック！

96

その2　ならべかえクイズ

バラバラになった簡体字を正しい順番にしよう！

例 (好　你) ➡ | 你 | 好 | 。

日本語の意味を書いてみよう　➡　（一人の人にむかって）
こんにちは。

第1問 (妈　我　是　的　妈　她)

➡ | | | | | | | 。

日本語の意味を書いてみよう　➡ ＿＿＿＿＿＿＿＿＿＿。

第2問 (哪　要　你　个) ➡ | | | | | ？

日本語の意味を書いてみよう　➡

＿＿＿＿＿＿＿＿＿＿。

第3問 (芦　吃　葫　糖　我) ➡ | | | | | | 。

日本語の意味を書いてみよう　➡

＿＿＿＿＿＿＿＿＿＿。

第4問 (吃　吗　好) ➡ | | | | ？

日本語の意味を書いてみよう　➡ ？

＿＿＿＿＿＿＿＿＿＿

第5問 (起　吧　去　一) ➡ | | | | | 。

日本語の意味を書いてみよう　➡

＿＿＿＿＿＿＿＿＿＿。

答えは99ページをチェック！

97

その1 〇×クイズの答え

第1問　答え　〇

"她是谁？"は写真の中など、目の前にいない人に対して使おう。

➡ レッスン6をチェック！

第2問　答え　✕

目の前のものがほしいときには"我要这个。"と言おう。

➡ レッスン7をチェック！

第3問　答え　〇

「なにを食べる？」と聞きたいときには"你吃什么？"と聞こう。

➡ レッスン8をチェック！

第4問　答え　✕

食べものの「おいしい」は"很好吃。"、飲みものの「おいしい」は"很好喝。"だよ。

➡ レッスン9をチェック！

第5問　答え　〇

「いっしょに中国語を勉強しよう。」は"一起学习汉语吧。"だよ。92ページの「ミニ辞典」も見てみよう！

➡ レッスン10をチェック！

全部わかった？しっかり中国語を勉強していてえらい！

復習してみよう！ レッスン 6〜10

その2 ならべかえクイズの答え

第1問 答え → 她是我的妈妈。

日本語の意味 → この人はわたしのお母さん。

→ レッスン6をチェック！

第2問 答え → 你要哪个？

日本語の意味 → どれがほしい？

→ レッスン7をチェック！

第3問 答え → 我吃糖葫芦。

日本語の意味 → サンザシアメを食べる。

→ レッスン8をチェック！

第4問 答え → 好吃吗？

日本語の意味 → おいしい？

→ レッスン9をチェック！

第5問 答え → 一起去吧。

日本語の意味 → いっしょに行こう。

→ レッスン10をチェック！

サンザシアメっておぼえてたかな？おいしいからぜひ食べてみてね♪

簡体字を書いてみよう！

你
- ピンイン: nǐ
- 使用していることば: 你（あなた）

好
- ピンイン: hǎo
- 使用していることば: 好(元気だ)

们
- ピンイン: men
- 使用していることば: 你们（あなたたち）

给
- ピンイン: gěi
- 使用していることば: 给（あげる）

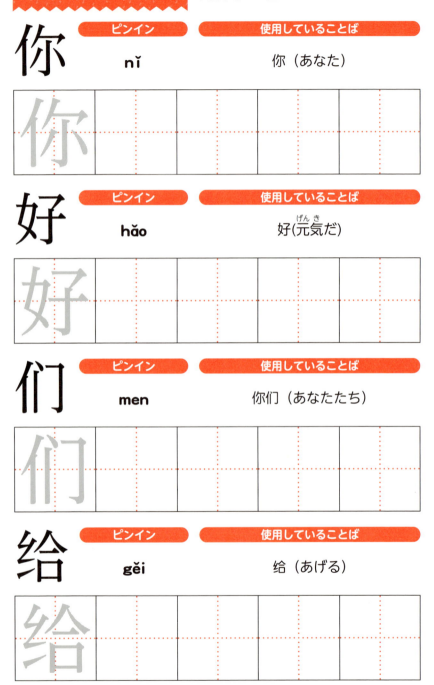

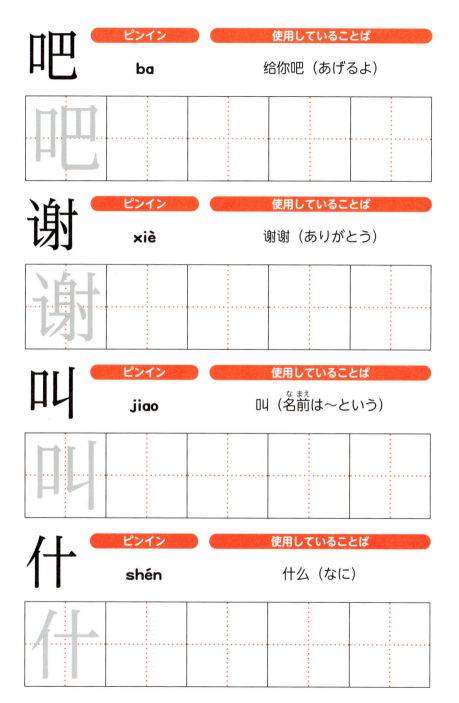

簡体字を書いてみよう！

么 — ピンイン: me — 使用していることば: 什么（なに）

我 — ピンイン: wǒ — 使用していることば: 我（わたし）

这 — ピンイン: zhè — 使用していることば: 这（これ）

是 — ピンイン: shì — 使用していることば: 是（〜は〜です）

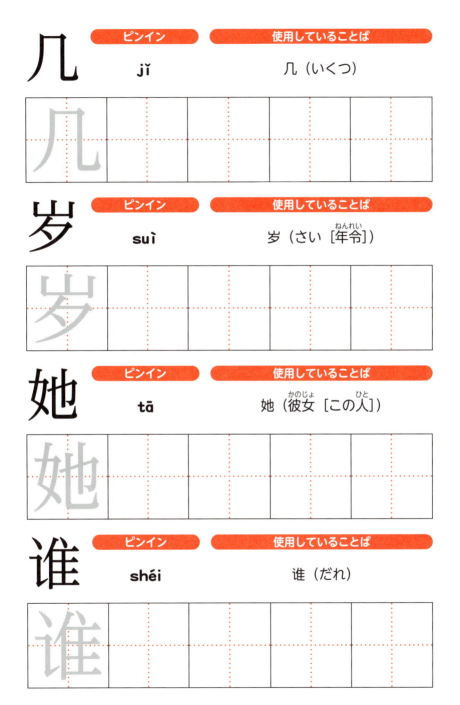

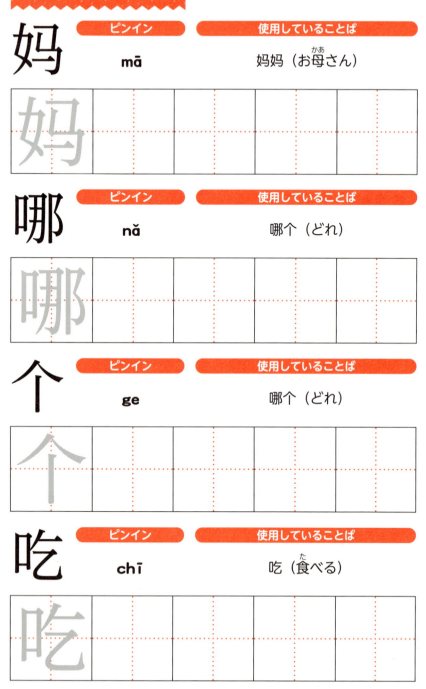

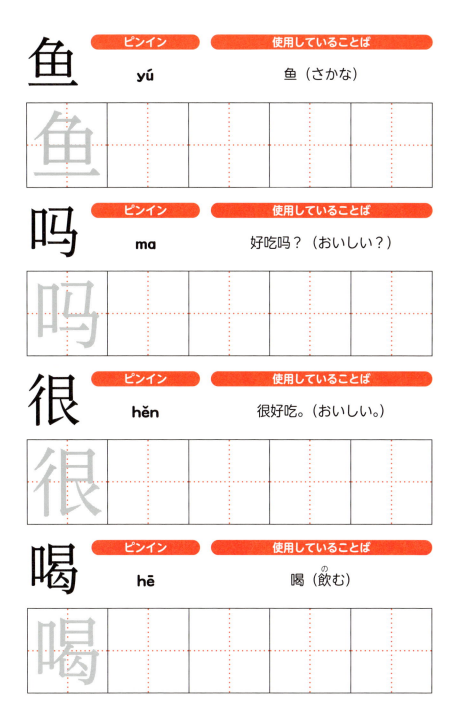

有名作品

中国語の有名な歌や詩にふれてみよう！

その1 『きらきらぼし』を中国語でうたってみよう！

Xiǎo xīng xing
《小星星》

（朗読）　（実際に子どもがうたった歌）

yì shǎn yì shǎn liàng jīng jīng
一闪一闪亮晶晶

mǎn tiān dōu shì xiǎo xīng xing
满天都是小星星

guà zài tiān shàng fàng guāng míng
挂在天上放光明

hǎo xiàng xǔ duō xiǎo yǎn jing
好象许多小眼睛

yì shǎn yì shǎn liàng jīng jīng
一闪一闪亮晶晶

mǎn tiān dōu shì xiǎo xīng xing
满天都是小星星

〈注〉
① 歌詞にはいくつかのパターンがありますが、比較的有名なものを収録しています
② 簡体字とピンインを対照しやすくするため、スペースの位置などを本来のピンイン表記と変えている部分があります

日本語訳（著者による対訳）

『小さなおほしさま』

きらりきらりとまたたくよ

お空いっぱいの小さなおほしさま

お空にうかんで光を放って

まるでたくさんのおめめみたい

きらりきらりとまたたくよ

お空いっぱいの小さなおほしさま

　せっかく中国語を学んだら、歌もうたえるようになるとうれしいですね。みんながよく知っている『きらきらぼし』は、中国でも有名です。知っている歌だとうたいやすいですね。中国語には声調がありますが、歌の場合はメロディーが優先されるので、声調は意識しなくてだいじょうぶです。

白うさぎの童謡を中国語でうたってみよう！

Xiǎo bái tù bái yòu bái
《小白兔白又白》

xiǎo bái tù bái yòu bái
小白兔白又白

liǎng zhī ěr duo shù qǐ lái
两只耳朵竖起来

ài chī luó bo ài chī cài
爱吃萝卜爱吃菜

bèng bèng tiào tiào zhēn kě 'ài
蹦蹦跳跳真可爱

〈注〉
① 歌詞にはいくつかのパターンがありますが、比較的有名なものを収録しています
② 簡体字とピンインを対照しやすくするため、スペースの位置などを本来のピンイン表記と変えている部分があります

日本語訳（著者による対訳）

『白うさぎちゃんはまっ白け』

白うさぎちゃんはまっ白け

ふたつのお耳をピンと立て

にんじん（※）が好き　菜っぱも好き

ピョンピョンとびはねかわいいな

※"萝卜 luóbo"は「大根」の意味ですが、うさぎの歌なので「にんじん」としています。「にんじん」はレッスン8の「ミニ辞典」に出ている"胡萝卜 húluóbo"が一般的には使われます。

　中国でとても有名な白うさぎの童謡です。ほとんどの子どもがおうちや幼稚園で習って知っています。童謡と言ってもメロディーはあまりなく、言葉あそびのようにテンポよく読んでいく感じでだいじょうぶです。かわいい白うさぎを想像しながら、声調も意識して読んでみましょう。うさぎは、中国の伝説では月に住んで不老不死の薬を作っている動物とされ、縁起がよいイメージがあります。

その3 漢詩『春暁』を中国語でよんでみよう！

Chūn xiǎo　Mèng Hàorán
《春晓》　孟浩然

chūn mián bù jué xiǎo
春眠不觉晓

chù chù wén tí niǎo
处处闻啼鸟

yè lái fēng yǔ shēng
夜来风雨声

huā luò zhī duō shǎo
花落知多少

〈注〉
① 簡体字とピンインを対照しやすくするため、スペースの位置などを本来のピンイン表記と変えている部分があります

日本語訳（著者による対訳）

有名作品

『春暁（春の朝）』 孟浩然

春はねてもねてもねむいなぁ、もう朝になっちゃった

いろんなところで鳥さんもピーピー鳴いてるみたい

昨日の夜は風が強くて雨がふってたから

きっと庭のお花がたくさん落ちちゃっただろうな

　今から1500年ほど前の中国の詩人、孟浩然が作ったとても有名な詩（漢詩）です。日本でも知っている人が多い作品ですね。中国では、このような昔の詩をおぼえることを大切にしているので、子どものころからたくさんの詩をおぼえます。その中でもこの『春暁』はトップクラスに有名なものです。みなさんもこの詩を中国語でおぼえておいて、いつか中国の人に聞いてもらいましょう。日本で中国語を勉強している子どもが『春暁』をおぼえていることにとてもおどろいて、よろこんでもらえるはずです。

親子で中国語学習(おうち中国語)のすすめ方

子どもに中国語に興味を持ってもらうには

　この本を読んでくださっているみなさんのおうちでは、お子さんと保護者の方どちらが主体となって中国語を学びたいと思っていらっしゃるでしょうか？お子さんが自主的に、親子で足並みを揃えて、または保護者の方が音頭をとって、といったケースが考えられますね。お子さんご自身が自主的に学びたいと思ってくれればやりやすいのですが、保護者の方が主体となる場合、お子さんがあまり興味を持ってくれないということもありえます。一般の日本のご家庭の場合、お子さん自身が中国語に触れる機会が少なくて興味が持てないということがその理由の一つでしょう。今は街中の至る所に中国語の表示があったり、お店で中国語のアナウンスを聞くことができます。まずは、そういったところで親子で「中国語さがしゲーム」をしてみるのはどうでしょうか？漢字が日本語と違っていること、音の流れなどに注目できて興味を持つきっかけになると思います。大人の方にとってはすでに学んだ中国語の実例確認にもなりますね。

　大人が中国語学習をする時には、まずはピンインを学んで発音を習得して文法を学んで…という段階が必須ですが、子どもの場合そういった段階は最初は気にしなくて良いでしょう。子どもは自分の興味のあるものは非常によく覚えてくれます（うちの4才の息子も電車の名前を大量に覚えています）。この本のミニ辞典に収録しているような身近な言葉でお子さんが好きなものがあれば、それを一つでも覚えてみるということからスタートしてみるのも良い方法です。さらに可能であればその覚えた言葉をお知り合いの中国語がわかる方に聞いてもらい、すごくほめてもらう（あらかじめそうお願いしなければいけませんが）、こういっ

た経験はお子さんのモチベーションをアップさせるでしょう。

中国語は、ほとんどのお子さんの場合未知の言語です。楽しく興味を持つところから始めるのが最適ですね。

2 中国語圏にルーツがあるお子さんがいる保護者の方へ

この本は日本に住む日本語を母語とするお子さんとその保護者の方を主な対象として作られていますが、読者の皆さんの中には中国語圏にルーツがあるお子さんをお持ちの方もいらっしゃると思います（じつはわが家もそうです）。日本で暮らしていてご家族も日本語が堪能であった場合、どうしてもお子さんは日本語の方が得意になってしまいがちです。この本の中には、中国の文化に関わるものもいろいろと登場しています。たとえば、パンダのティエンティエンが持っているサンザシアメ（糖葫芦）は、中国の伝統的なお菓子です。中国語だけにフォーカスを当てると場合によっては「難しいからわからない」となってしまいますが、文化的なものからお子さんの興味を引き出し親子で話をするきっかけになればとてもうれしく思います。さらに、ご家族やご親戚に中国語のネイティブスピーカーがいらっしゃるというのは中国語学習環境において大きな強みです。この本の表現を読んでもらったり、ご出身地方の方言では別の言い方になることを教えてもらったり、そういった使い方でもお楽しみいただけます。

3 子どもの中国語学習で使えるYouTube動画

インターネットを使えば多様なコンテンツを見ることができる現在、外国語学習でも上手に取り入れていきたいですね。YouTube上には、中国語学習で使える動画がたくさんあります。日本語で配信されているものはほ

とんどが大人向けなのですが、海外のものなら子ども向けのものもあります。配信されている言語は中国語のみになってしまうのですが、いくつかおすすめのチャンネルを紹介します（URLや内容は2025年3月現在のもの）。

① **Little Fox Chinese - Stories & Songs for Learners**
https://www.youtube.com/@LittleFoxChinese
　英語の学習動画で有名な「リトルフォックス」の中国語版チャンネルです。歌やお話などたくさんのコンテンツがあり、ほとんどの動画に簡体字とピンインの字幕がついているので初心者の人でもわかりやすい内容です。

② **寶寶巴士 - 中文兒歌童謠 - 卡通動畫**
https://www.youtube.com/@BabyBusTC
　日本語配信でも有名な「ベビーバス」の中国語版チャンネルです。数多くの歌やお話、生活習慣を教えてくれるものもあり、幅広い中国語に触れることができます。字幕表記は繁体字のみ、ピンインなし。

③ **华语动漫**
https://www.youtube.com/@Chinese_Cartoon
　中国で現在テレビ放送されている子ども向け番組が見られるチャンネルです。内容は中国語母語話者向けになるのでかなり高度ですが、中国の子どもが見ているものを知ることができます。字幕表記なし、ピンインなし。

　最後に、この本の著者が開設しているYouTubeチャンネルを紹介します。中国語を学んだことのある人も、これから学ぼうとしている人どちらもが楽しめる内容を目指して細々と投稿しています。

④ **ちんしゃん的中国語研究所**
https://www.youtube.com/@qingxiang_mandarinlabo

「おうち中国語ってどうやるの？熊猫老師の子供向け中国語講座【第1回】」
https://www.youtube.com/watch?v=Go8Yqq7TmOs
　このチャンネル内で唯一の子ども向け中国語学習動画です。今後、この本の内容に沿った子ども向け動画を増やしていく予定ですので、フォローしていただけるとうれしいです。配信言語は日本語で、中国語部分には原則すべて簡体字とピンインをつけています。

大人向け発音説明

本書の「発音レッスン」他では紹介しきれなかった発音のポイントです。「もっと発音について知りたい！」と思われたら読んでみてください。

1 声調

　中国語の声調は第1声〜第4声の四つ（軽声も入れると五つ）です。一般的な中国語初級レベルのテキストではたいてい簡体字に声調つきピンインがついているので、その通りに読めば基本的にはだいじょうぶです。唯一気をつけなければいけないのは第3声が連続した場合です。レッスン1では、以下の表のように表記と実際に読む声調が変わることを説明しました。これは第3声が連続するどの言葉でも同じですので、お手本音声をよく聞いて、気をつけて読んでみてください。

	表記される声調	実際に読む声調
Nǐ hǎo（你好）	第3声〜＋第3声〜	第2声〜＋第3声〜

2 単母音

　中国語の単母音は"a, o, e, i, u, ü"の6個です。ここで気をつけたいのは、"i, u, ü"のみ表記が"yi, wu, yu"に変わることがあるということです。以下の例を見てください。

ピンイン（簡体字）表記	yī（一）	wǔ（五）	yú（鱼）
実際読む時の音	ī	ǔ	ǘ
意味	1	5	魚

　表記が変わる理由は、"i, u, ü"が単語の先頭に来ているからです。単語の先頭に来た場合のみ、"y"または"w"を足して"yi, wu, yu"の表記に変わります。"a, o, e"は単語のどこの位置でも表記は変わりません。

115

3 複母音

中国語の母音は単母音"a, o, e, i, u, ü"だけではなく、複母音というものもあります。複母音とは、二つか三つの母音で構成された母音のことです。以下が、複母音のすべてです。

ai	ei	ao	ou	
ia (ya)	ie (ye)	ua (wa)	uo (wo)	üe (yue)
iao (yao)	iou (you)	uai (wai)	uei (wei)	

複母音の音は、原則単母音の音をつなげて読めば出すことができます。たとえば"ai"は"a"と"i"の音です。しかし"e"の音のみ、単母音の"e"ではなく日本語の「エ」と同じ音で読みます。たとえばレッスン２で出てきた"给你吧。Gěi nǐ ba."や"谢谢。Xièxie."に出てくる"e"はこの「エ」の音です。

また、上の複母音のリストの中で"ia（ya）"となっているような（　）に入っている音は、さきほどの単母音の"yi, wu, yu"と同じく単語の先頭に来た場合の表記です。たとえば"ya"という表記を見るとどうしても「ヤ」という音で読みたくなってしまいますが、読む時には"i"と"a"をつなげて「イア」のように読みます。

さらに、"iou"と"uei"の前に別の音がついた場合、複母音の部分の表記が"iu"と"ui"に変わります。以下の例を見てください。

ピンイン（簡体字）表記	liù（六）	jiǔ（九）	suì（岁）
実際読む時の音	lioù	jioǔ	sueì
意味	6	9	才

これは、"o"や"e"が完全に消えてしまっているのではなく表記規則上書かないだけなので、発音する時には言うようにします。

大人向け発音説明

鼻母音（2種類の「ン」）

　中国語のピンイン表記の中に、"-n"や"-ng"で終わる言葉が出てきたのは気がつきましたか？たとえばレッスン1の「ミニ辞典」に出てきた"晩上好。Wǎnshang hǎo."の場合、"晩 wǎn"は"-n"で終わり、"上 shang"は"-ng"で終わる音です。これは日本語に当てはめるとどちらも「〜ン」のような音になるのですが、中国語ではそれぞれ異なった音です。みなさんは聞き分けられるでしょうか？

　この違いは、日本語の「案内」と「案外」から考えてみるとわかりやすいです。この二つの言葉にはどちらも「ン」の音が入っていますが、「ン」の発音方法がそれぞれ違います。「案内」と「案外」を実際に口に出して言ってみると、「案内」の方では舌先を口の上の歯の裏近くにつけて「ン」を言い、「案外」の方では舌先をどこにもつけずに口を開けっ放しにして「ン」を言っていたのではないでしょうか？これが中国語の"-n"と"-ng"の違いです。"-n"の音は「案内」の「ン」、"-ng"の音は「案外」の「ン」のように言う、ということをぜひ覚えておいてください。

　"-n"と"-ng"が入っている音のことを鼻母音と言います。以下が、中国語の鼻母音のすべてです。

an	ang
en	eng
in (yin)	ing (ying)
	ong
ian (yan)	iang (yang)
	iong (yong)
uan (wan)	uang (wang)
uen (wen)	ueng (weng)
üan (yuan)	
ün (yun)	

　これらの鼻母音の音の出し方の原則は、単母音の音につなげて"-n"ま

たは"-ng"を出すことです。注意しなければならないのは、このリストの中の一部の"a"と"e"は、「エ」の音で読むことです（わかりやすくするため該当の音には下線を引いています）。

　"e̱n"中の"e̱"→「エ」
　"ia̱n"中の"a̱"→「エ」（「イエン」のような読み方になる）
　"ue̱n"中の"e̱"→「エ」
　"üa̱n"中の"a̱"→「エ」

　また"in（yin）"のように（　）に入っている音は、単母音や複母音と同じく単語の先頭に来た時の表記です

5　子音

今まで紹介した音はすべて母音の仲間でしたが、もちろん子音もあります（子音というのは、日本語の「タ」で言うならこれをローマ字にした"ta"の"t"部分の音です）。以下が、中国語の子音のすべてです。

bo	po	mo	fo
de	te	ne	le
ge	ke	he	
ji	qi	xi	
zhi	chi	shi	ri
zi	ci	si	

ポイント1　子音の後ろにつく母音

子音は本来は"b, d, g"のような音ですが、中国語は子音だけを発音することができないため、必ず母音をつけて発音します。発音練習の時にはこのリストのように"o, e, i"の母音をつけます。実際の単語では他の母音がつくこともあります。

大人向け発音説明

ポイント2 息を強く出す音

　太い字で書いてある音"**p**o, **t**e, **k**e, **q**i, **ch**i, **c**i"は「有気音」という名前の音です。有気音は日本語にはない音なのですが、息を強く吐き出して発音する音です。たとえば"**p**o"の場合、日本語の「ポ」より息を強く出して言います。「テッ**ポ**ウ」と強く言う時の「ポ」がそれに近くなります。

ポイント3 "**b**o, **p**o, mo, fo""**d**e, **t**e, ne, le""**g**e, **k**e, he"

　子音を実際に言ってみる時、リストの上3行"**b**o, **p**o, mo, fo""**d**e, **t**e, ne, le""**g**e, **k**e, he"は以下の2点に気をつければ比較的かんたんに言うことができます。

　　・**太字**の有気音部分は息を強く出して言う
　　・後ろについている母音（特に単母音"e"）の音に気をつける

　それぞれ四つないしは三つの音が横並びになっていますが、これは発音の仕方が似ている音が組になっているためです。たとえば"**b**o, **p**o, mo, fo"はどれも、くちびるを合わせた形から発音を始める音です（日本語の「ボ」も同じような音です）。

ポイント4 "**j**i, **q**i, xi""**zh**i, **ch**i, shi, ri""**z**i, **c**i, si"

　残りの3行"**j**i, **q**i, xi""**zh**i, **ch**i, shi, ri""**z**i, **c**i, si"は中国語独特の読み方が多いのでしっかり覚えましょう。

●"**j**i, **q**i, xi"

　"**j**i, **q**i, xi"は日本語の「ジ、チ、シ」に比較的近い音なので、発音はしやすいです。しかし、"**q**i"は「チ」を強く（有気音）で読むこと、"xi"は「シ」と読むこと、どちらもローマ字や英語の知識のみだとなかなか発音しにくいので、しっかり覚えましょう。

119

● "zhi, chi, shi, ri"

　この四つの音は舌を反らせて発音するため「反り舌音」と呼ばれています。発音のやり方は本書21、22ページで説明をしているのでここでは割愛します。

● "zi, ci, si"

　"zi, ci, si"は「ズ、ツ、ス」のような音です。ただその時に"i"の音を「イ」だと思って「ジ、チ、シ」と読まないように注意が必要です。単母音の"i"の口の形（横に広げた形）を保ったまま「ズ、ツ、ス」と言うようにします。「ツ」部分は有気音なので強く読みます。

6 おわりに

　この「大人向け発音説明」では、本書レッスン１〜10で紹介している中国語表現において必要と思われる発音規則を取り立てて説明しました。しかし本書で紹介している中国語表現は、この発音規則を全て覚える前でもお手本の音声を聞けばまねをして言いやすいものが多いです。まずかんたんな発音の会話を楽しみ、それから少しずつ細かい発音規則を覚えていく、という学習方法も有効だと思います。

　中国語発音についてさらにくわしくお知りになりたい場合は、発音学習に特化したテキストもいろいろと出版されているので、ぜひ探してみてください。

さくいん（日本語五十音引き）

あ

アイスクリーム	bīngqílín	冰淇淋	❽	74
あげる	gěi	给	❷	31
あそぶ	wán	玩	❿	91
あたたかい	nuǎnhuo	暖和	❾	82
あつい	rè	热	❾	82
あなた	nǐ	你	❶	25
（ていねいな）あなた	nín	您	❷	33
あなたたち	nǐmen	你们	❶	25
ありがとう。	Xièxie.	谢谢。	❷	31
あれ	nà	那	❹	49
あれ	nàge	那个	❼	71

い

いいよ	hǎode	好的	❿	91
家に帰る	huíjiā	回家	❿	93
行く	qù	去	❿	91
いくつ	jǐ	几	❺	51
いす	yǐzi	椅子	❹	45
（痛い）いたい	téng	疼	❾	82
いちご	cǎoméi	草莓	❽	75
いっしょに	yìqǐ	一起	❿	91
（父方・年上・女性の）いとこ	tángjiě	堂姐	❻	66
（父方・年上・男性の）いとこ	tánggē	堂哥	❻	66
（父方・年下・女性の）いとこ	tángmèi	堂妹	❻	66
（父方・年下・男性の）いとこ	tángdì	堂弟	❻	66
（母方・年上・女性の）いとこ	biǎojiě	表姐	❻	66
（母方・年上・男性の）いとこ	biǎogē	表哥	❻	66
（母方・年下・女性の）いとこ	biǎomèi	表妹	❻	66
（母方・年下・男性の）いとこ	biǎodì	表弟	❻	66
妹	mèimei	妹妹	❻	64

	う	受け取る	shōuxià	收下	❷	33
		うれしい	gāoxìng	高兴	❾	82
	え	遠慮する	kèqi	客气	❷	33
	お	（食べものが）おいしい	hǎochī	好吃	❾	81
		（飲みものが）おいしい	hǎohē	好喝	❾	83
		お母さん	māma	妈妈	❻	64
		起きる	qǐchuáng	起床	❿	92
		（父方の）おじいちゃん	yéye	爷爷	❻	65
		（母方の）おじいちゃん	lǎoye	姥爷	❻	65
		お父さん	bàba	爸爸	❻	64
		弟	dìdi	弟弟	❻	64
		お兄ちゃん	gēge	哥哥	❻	64
		お姉ちゃん	jiějie	姐姐	❻	64
		（父方の）おばあちゃん	nǎinai	奶奶	❻	65
		（母方の）おばあちゃん	lǎolao	姥姥	❻	65
		おはし	kuàizi	筷子	❹	45
		おはよう。	Zǎoshang hǎo.	早上好。	❶	26
		おふろに入る	xǐzǎo	洗澡	❿	93
		おもしろい	yǒuyìsi	有意思	❾	83
		おやすみなさい。	Wǎn'ān.	晚安。	❶	26
	か	かなしい	nánguò	难过	❾	83
		彼女	tā	她	❻	63
		彼	tā	他	❻	63
		かわいい	kě'ài	可爱	❾	83
	き	着がえる	huàn yīfu	换衣服	❿	92
		キャベツ	yángbáicài	洋白菜	❽	76
		キャンディー	tángguǒ	糖果	❽	74
		牛肉	niúròu	牛肉	❽	76

122

さくいん

	きれい	piàoliang	漂亮	❾	83
く	くつ	xié	鞋	❹	44
け	ケーキ	dàngāo	蛋糕	❽	74
	ゲームであそぶ	wán yóuxì	玩游戏	❿	93
	元気だ	hǎo	好	❶	25
こ	個	ge	个	❺	56
	公園	gōngyuán	公园	❿	95
	コップ	bēizi	杯子	❹	45
	（白米）ご飯	mǐfàn	米饭	❽	77
	ご飯を食べる	chīfàn	吃饭	❿	92
	これ	zhè	这	❹	43
	これ	zhège	这个	❼	69
	こわい	kěpà	可怕	❾	83
	こんばんは。	Wǎnshang hǎo.	晚上好。	❶	26
さ	（年令）さい	suì	岁	❺	51
	さかな	yú	鱼	❽	73
	冊	běn	本	❺	56
	さむい	lěng	冷	❾	82
	さようなら。	Zàijiàn.	再见。	❶	26
	サンザシアメ	tánghúlu	糖葫芦	❹	43
し	～しないで	bù（bú）	不	❷	33
	じゃがいも	tǔdòu	土豆	❽	76
	宿題をする	zuò zuòyè	做作业	❿	93
す	すいか	xīguā	西瓜	❽	75
	水ぎょうざ	shuǐjiǎo	水饺	❹	43
	すずしい	liángkuai	凉快	❾	82

	スパゲッティ	yìdàlìmiàn	意大利面	❽	77
	スプーン	sháozi	勺子	❹	45
	スマートフォン	shǒujī	手机	❹	45
せ	先生	lǎoshī	老师	❻	63
	先生こんにちは。	Lǎoshī hǎo.	老师好。	❶	26
た	たのしい	kāixīn	开心	❾	83
	食べる	chī	吃	❽	73
	たまねぎ	yángcōng	洋葱	❽	76
	だれ	shéi	谁	❻	63
ち	チャーハン	chǎofàn	炒饭	❽	77
	中国語を勉強する	xuéxí Hànyǔ	学习汉语	❿	92
	チョコレート	qiǎokèlì	巧克力	❽	74
つ	つくえ	zhuōzi	桌子	❹	45
て	出かける	chūmén	出门	❿	92
	手を洗う	xǐshǒu	洗手	❿	93
と	トイレに行く	shàng xǐshǒujiān	上洗手间	❿	92
	どうぞ	qǐng	请	❷	33
	どなた	nǎwèi	哪位	❻	67
	友だち	péngyou	朋友	❻	65
	とり肉	jīròu	鸡肉	❽	77
	どれ	nǎge	哪个	❼	69
な	なに	shénme	什么	❸	35
	名前は～という	jiào	叫	❸	35
	なん才ですか？	duōdà	多大	❺	55
	（～に）なった	le	了	❺	51

124

さくいん

に	（孫悟空の）如意棒	rúyìjīngūbàng	如意金箍棒	❹	43
	にんじん	húluóbo	胡萝卜	❽	76
ね	寝る	shuìjiào	睡觉	❿	93
	年令	niánjì	年纪	❺	55
の	～の	de	的	❻	63
	飲む	hē	喝	❽	79
は	バイバイ。	Báibái.	拜拜。	❶	27
	はさみ	jiǎndāo	剪刀	❹	44
	パソコン	diànnǎo	电脑	❹	45
	～は～です	shì	是	❹	43
	バナナ	xiāngjiāo	香蕉	❽	75
	歯をみがく	shuāyá	刷牙	❿	93
	パン	miànbāo	面包	❽	77
	ハンバーガー	hànbǎobāo	汉堡包	❽	77
ひ	匹	zhī	只	❼	70
	ピザ	bǐsàbǐng	比萨饼	❽	77
	ビスケット、クッキー	bǐnggān	饼干	❽	74
ふ	服	yīfu	衣服	❹	44
	ぶた肉	zhūròu	猪肉	❽	76
	ぶどう	pútao	葡萄	❽	75
	プリン	bùdīng	布丁	❽	74
へ	ペン	bǐ	笔	❹	44
ほ	ぼうし	màozi	帽子	❹	44
	ほしい	yào	要	❼	69
	本	shū	书	❹	44

125

ま	（服などを数える）枚	jiàn	件	❼	70
	またあしたね。	Míngtiān jiàn.	明天见。	❶	27
み	みかん	júzi	橘子	❽	75
	みなさんこんにちは。	Dàjiā hǎo.	大家好。	❶	26
	（あなたの）苗字	guìxìng	贵姓	❸	39
	苗字は～という	xìng	姓	❸	39
も	もも	táozi	桃子	❽	75
よ	～よ	ba	吧	❷	31
り	りんご	píngguǒ	苹果	❽	75
	りんごジュース	píngguǒzhī	苹果汁	❽	79
わ	（ぼく、おれ）わたし	wǒ	我	❸	35
数字	0	líng	零	❺	57
	1	yī	一	❺	52
	2	èr	二	❺	52
	（個数などをあらわす）2	liǎng	两	❺	56
	3	sān	三	❺	52
	4	sì	四	❺	52
	5	wǔ	五	❺	52
	6	liù	六	❺	52
	7	qī	七	❺	52
	8	bā	八	❺	52
	9	jiǔ	九	❺	52
	10	shí	十	❺	52
	100	yìbǎi	一百	❺	57

あとがき

　最後までお読みいただきありがとうございました。今まで日本になかった親子で中国語学習ができる本をお届けできたことを嬉しく思います。

　外国語を学ぶ時には、仲間が必要です。それは先生だったりクラスメートだったり、インターネットで知り合った同好の士だったりするわけですが、仲間に教えてもらったり励ましあったり、時には競争したりすることで進歩していきます。親子で中国語学習をする時には、おうちの方とお子さんが仲間です。大人と子どもでは得意分野が違うので、お互いに助け合って学習していければ良いですね。また、この本の読者の皆さん同士も仲間です。今まで私が知り合った中国語を学習したい親子の方から多く言われたのは、「まわりに同じように学習している仲間がいない。」ということでした。今は読者の皆さん同士で直接交流していただくのは難しいのですが（いずれ交流イベントなどを企画できたら良いのですが）、この本を使って中国語学習している親子の仲間が実はたくさんいる、ということを感じて学習を進めて頂ければ幸いです。

　最後に、この本を執筆するにあたってご協力をいただいた仲間を紹介します。すてきなマンガやイラストを描いてくださったご自身も中国語学習者であるhitomさん、本を執筆することが初めての私を温かく導いてくださった大修館書店編集者の富永さん、帯の推薦文を書いて下さった人気YouTuberの李姉妹、中国語についての質問に答えてくださった中国語教師の先輩や友人たち、Twitter（現X）で交流してくださる「おうち中国語」実践中のママさんたち、この場を借りて感謝申し上げます。そして我が家の頼れる中国語ネイティブの夫、「おうち中国語」研究のきっかけをくれた４才の息子、執筆の前半半年は体内で、後半半年は外の世界で見守ってくれた０才の娘にも"谢谢你们！"と言いたいと思います。

［著者紹介］

赤池晴香（あかいけ　はるか）

東京都出身。21才から中国語学習を始め、日中学院本科、東京外国語大学を経て北京語言大学に留学。2012年より中国語を教え始め、現在母校の日中学院ほか、大学や高校で中国語講師を務める。2020年に中国ルーツを持つ長男が誕生したことから子どもに中国語を教えるにはどうしたら良いかを考え始め、「おうち中国語」というワードに出会う。Twitter（現X）上で「おうち中国語」の情報収集や実践家庭との交流を続け、オンライン及び対面のイベントや勉強会を企画・開催（現在休止中）。2023年より中国語学習者向けのYouTubeチャンネル開設。趣味はチャイナコーデ。
X：https://x.com/harumon9
YouTubeチャンネル：https://www.youtube.com/@qingxiang_mandarinlabo

［イラスト］

hitom

中国語に関するイラストをネットに投稿中。桑沢デザイン研究所卒業。
x：https://x.com/hitom84
note：https://note.com/hitom84

◆本書の感想をお聞かせください。

© AKAIKE Haruka, 2025　　　　　　　　　　　NDC820／127p／21cm

初版第1刷──── 2025年5月10日

著　者	────	赤池晴香
発行者	────	鈴木一行
発行所	────	株式会社 大修館書店

　　　　　　　〒113-8541　東京都文京区湯島2-1-1
　　　　　　　電話03-3868-2651（営業部）　03-3868-2293（編集部）
　　　　　　　振替00190-7-40504
　　　　　　　［出版情報］https://www.taishukan.co.jp

装幀・本文デザイン&組版 ── 渡辺夏子（明昌堂）
印刷──────────厚徳社
製本──────────ブロケード

ISBN978-4-469-23291-2　　Printed in Japan

Ⓡ本書のコピー、スキャン、デジタル化等の無断複製は著作権法上での例外を除き禁じられています。本書を代行業者等の第三者に依頼してスキャンやデジタル化することは、たとえ個人や家庭内での利用であっても著作権法上認められておりません。